失敗しない銀行員の転職

ヒューマン・アソシエイツ・HD
代表取締役
渡部昭彦

日本実業出版社

はじめに

メガバンクの大幅人員削減、店舗の統廃合、ＡＩやフィンテックの台頭、マイナス金利による「金あまり」、そしてブロックチェーン・仮想通貨によるビジネスモデルの変化……。

日本の銀行が目まぐるしい変化にさらされている今、銀行員たちは、一体これからどう動いていけばいいのか？　本書ではタイトルにある通り、不確実性の時代の中でリスクを回避する「失敗しない転職」に焦点を当てつつ、銀行員がキャリアアップをして成功するために、進むべき道を示していきたい。

本書は２０１２年に発刊された『銀行員の転職力』の新装改訂版となるが、私が本書の前身を執筆した約８年前は、まだましだったかもしれない。

当時の世の中はリーマンショックの衝撃がまだ抜け切らず、そこかしこにその余波が残っていた。その当時、叫ばれていた「１００年に一度の危機」という表現は、その頃のマーケットの慌てぶりを表している。実際、大手町、丸の内の金融街には外資系を中心に、万単位の求職者がいるとも言われた。

当時の銀行員の状況はと言えば、メガバンクをはじめ、皆一様に自分の将来に不安を持ちながらも、かと言って外に飛び出して勝負をする覇気のある人材は数少なく、多くは悶々と日々のルーティーンをこなしていた。そのような銀行員に対して、「皆さんは高い能力と可能性を備えた優秀な人たちなのだから、もっと自信を持って外の世界に挑戦してください」とエールを送ったのがこの本だったのだ。

銀行は、新卒市場で有名大学を中心にガサッと大量採用して以降、業務の中身に比して必要以上に優秀な人材を無駄に抱えながら、時間をかけて選抜し、結局50歳頃までには一部のエリートを除いて、ほぼ全員を外に出す。本の中で私が「人材大量消費（浪費）産業」と表現した所以だ。

そして今、「メガバンク大リストラ時代」の文字が踊る中、自分から外に出ようと決意する者、まだまだ銀行は安泰だと考え動かない者、そしてこれからどうすればいいのか迷う者、それぞれがいるだろう。しかし、詰まるところ、いずれはほぼ全員が外に出て行かねばならないというのは、銀行人事の本質として現在も変わっていない。したがって、現在の銀行員を取り巻く状況を反映した今回の改訂新版でも、「皆さんは優秀なのだから、いつまでも悶々としていないで外で挑戦してみたらどうですか」という私のメッセージは何ら変わらない。今、多くの事業会社は人不足に悩んでいる。優秀な銀行員が活躍する場はいくらでもあるのだ。

一方で、私が危惧するのは、銀行員の「転職力」が落ちていると感じる点だ。仕事柄、この10年間、毎日のように銀行員の転職希望者とお会いしてきた。初対面でも会った瞬間に「ああこの人も銀行員だな」とあらためて認識させられる。銀行員のテイストは変わっておらず、同根の私としてはホッとする瞬間だ。だが、話をする中で感じるのは、概して通り一遍な会話に終始し、こちらに訴えかけてくる迫真性に欠ける人が多いことだ。ポテンシャルの高さやバランスのよさは変わらない中、これは本人の責任というよりは、むしろ環境のなせる業なのだろう。

銀行の最大の商品である、お金の価値を表す金利が「ゼロ」という状態が20年近く続く異常な環境下、緊張感のあるビジネスシーンを体験する機会は、ほとんどなかったに違いない。視線は自ずと中に向く。「言いわけ上手」にはなるが、彼らに対して、外に向けての迫力あるメッセージを期待すること自体が無理なのかもしれない。

今回の改訂新版を出すにあたって、前作を受ける形で、銀行員の転職に際しての基本的な考え方から具体的な注意点までを幅広く網羅すべく、タイムリーに修正した。その中で一番強調しているのは「心構え」だ。日々、漫然と仕事を流すのではなく、いつでも自分が外の世界で通用するよう、心身のシェイプアップを心がけることが大事だと考えるからだ。「心構え」さえしっかりしていれば、結果として銀行に残ることを選択したとしても、日々の行動が活性化され、大いに成果を挙げることが期待できる。テレビ番組のフレーズを使わせていただければ"Don't sleep through life!"(ボーっと生きてんじゃねーよ!)だ。

『失敗しない銀行員の転職』という主題の通り、本書では銀行員のさまざまなポテンシャルを、「転職」という観点からあらためて考えている。

改訂新版にあたり、序章を設けた。昨今の目まぐるしい銀行界を取り巻く状況の中、一体何が起きていて、これからどうなっていくのか、そして銀行員は大局としてどう動いていけばいいのかを説いた。続いて第1章では、前提として、なぜ銀行員がこれほど転職をするようになったのか、同時に、なぜ安定した職業にも思える銀行員こそ転職を強く意識しなければならないのかを説明している。第2章では、転職を成功に導くための考え方、言わば転職の「戦略」を説いた。そして第3章で、事前準備とも言えるスキルとキャリアの磨き方を解説したのち、第4章では、転職の実践におけるさまざまなノウハウ、つまり「戦術」を紹介した。最後の第5章では、具体的な転職成功事例を教訓としてほしい。いずれも、私のプロとしての知識と経験をあますことなく伝えたつもりだ。

行内にいては気付かないかもしれないが、銀行員のポテンシャルは高く、世間一般の中では圧倒的に優秀な集団だ。それが、これでもかと続く人事異動で心身ともに鍛えられている。他業種に移って初めて実感したが、「つぶしが効く」といった表現がこれほどぴったりくる人材は他にない。情報の少なさから来る不安に負け、大組織の中で悶々としているのは、あまりにももったいない。

本書が少しでも後輩の皆さんの自信の源になれば、望外の喜びである。

2018年7月

渡部　昭彦

失敗しない銀行員の転職　目次

第2章 銀行員のための転職プランニング

第3章 スキルとキャリアの磨き方

第4章

銀行員の転職実戦ノウハウ

第5章

銀行員の転職4類型と成功事例

①日系事業会社　Aさん（42歳　男性）
②日系証券会社　Bさん（52歳　男性）
③日系事業会社　Cさん（61歳　男性）
④日系金融機関　Dさん（46歳　男性）
⑤日系金融機関　Eさん（48歳　男性）
⑥外資系事業会社　Fさん（36歳　男性）
⑦外資系事業会社　Gさん（39歳　男性）
⑧日系事業会社　Hさん（52歳　男性）
⑨日系金融機関　Iさん（46歳　女性）

おわりに

ブックデザイン　宮嶋 忠昭（リーブルテック）
本文DTP　ダーツ

序章

——「メガバンクに入行すれば一生安泰」はもう古い

銀行員、なかんずくメガバンクに勤めるエリート行員といえども、今どき「自分はこの銀行で一生安泰だ」と将来を信じ切っている人はさすがにいないだろう。だが一方で、陰りが見えてきたとはいえ、新卒市場においてはまだまだ高い人気を維持している。「目まぐるしい状況ではあるが、そうそうクビにはならないだろう」という安心感が、まだまだ多くの行員の潜在意識の中にあることは容易に想像できる。

確かに2017年末以降、メガバンクにおいては1万人や2万人など、万単位で行員を削減するといったニュースが新聞紙上やネットの画面上を賑わせている。週刊誌の見出し的には、「銀行員大量失業時代の到来！」だ。だが、よくよく見れば、今年や来年中の話ではなく、5年や10年近い年数をかけてのことであり、また単なる「配置換え」を含んでのことなのだ。

さすがにここに来てメガバンク各行とも採用数の削減を発表しているが、それでも毎年

1000人ロットで新卒を採用し、全行員を2〜3年のローテーションで人事異動させてきたメガバンクにおいて、果たしてこれが「リストラ」と言えるものなのだろうか。実態は「自然減と人事異動」に過ぎないと私は考えている。

では、なぜこの時期にそろって「行員削減・配置転換」を発表したのか。もともと極めて横並びの強い業界体質が背景にあるのはもちろんだが、あらためて行員に対して「いつまでも銀行にぶら下がっていないで、どんどん外に出て行ってくださいね」というメッセージを発しているのだ。

21世紀とともに始まったメガバンク体制は、スタート直後の10年間は、行員の処遇の切り下げやそれに伴う大量の退職者の発生、収まりを見せないシステムトラブルなどの問題が多発した。そして何より旧銀行間の縄張り争いで、混沌とした世界だった。それが曲りなりにも「メガ3行体制」なる言葉が市民権を得て落ち着いてきたのがこの10年だ。不良債権処理が概ね終了し、競合する銀行数が減少する中、各行の収益基盤は大きく改善した。当然ながら、行員の意識も「緊張感のある非常時」から「天下泰平な平時」に移行したのだ。

ようやくメガバンク体制が落ち着いてきたのに、世の中を見れば、マイナス金利に象徴される「金あまり」の継続や、最近評判に陰りは出ているものの「仮想通貨」の台頭による旧来のビジネスモデルの変化の兆しなど、これまで銀行ビジネスの根幹をなしていたところが大きく揺らぎ始めてきた。これから何がどうなっていくのかわからない、というのが銀行経営陣の本音だろう。となれば、まずは人身の緩んだタガを締め直す、リストラ（的な）施策の発表により警鐘を発することは至極妥当な対応なのだ。

今回の「銀行員大量失業時代！」のもうひとつの背景には、いわゆる「フタコブラクダ」問題がある。これは大手町や丸の内の金融界隈では、10年ほど前から人事部員の頭を悩ませている重い課題だ。

1990年を中心とする前後合わせて5～6年間のバブル採用組が「ヒトコブ目」、その少し後の年齢層になる1970年代前半生まれの団塊ジュニアが「フタコブ目」となっており、大量採用層を称しての「フタコブラクダ」なのだ。これらの世代は40代後半から50代前半になるが、いよいよ部長・支店長の年代になる、でもそんなにポストはない、さぁどうしよう、というわけだ。

バブル採用組については、現在のメガバンク3行の母体となる都長銀11行の新卒総合職の採用数が、合わせて4000人前後となる年が数年間続いたわけであり、その強烈さがうかがえる。「おれたちバブル入行組」が世代を表する流行語になったゆえんだ。

この日が来ることがわかっていて放っておいた銀行（人事部）は無策のそしりを免れないが、これだけキャリアの時代と言われながら、気付いてみたら自分もリストラの対象、さてどうしよう、と慌てている行員がいるとすれば、それはそれで自身の感性の低さを反省すべきだろう。

銀行員はメガバンクを筆頭に年収が高い。30歳過ぎで1000万円を超え始め、50歳頃までには役員ならずとも2000万円近くまで増えていく。それが、普通の事業会社に転職すれば、ほとんどのケースで年収は大きく減少する。ストック商売の特性で環境がアゲインストになっても、それがすぐに処遇に反映するわけではない。

「このままではまずいな」と感じつつ、日々の安穏とした生活に埋没している中、気付いてみれば「あなたのポストはもう行内にはないので、外に出て行ってください」ということだ。熱湯には決して飛び込まないが、火にかけられた鍋で気持ちよく水浴びをしているうちに熱湯となり、茹で上がってしまうカエルの例えに似ていなくはない。

銀行員にとって「外に出る」ということは、少なくともこれまでは、出向・転籍など、形は様々だが、関係会社や取引先を中心に職場を変えることだった。ところが、金あまりによる銀行離れで地位や影響力が大きく低下する中、事業会社のポストは激減している。シニア層の余剰人材は関係会社に押し込むしかないわけだが、ＯＢの居座りもあって鮨詰め状態だ。社員数１００人程度の関係会社に、名誉会長・会長・副会長・社長・副社長が鎮座し、その下に二ケタの数の部長級が首を並べるという姿は決して珍しくない。いずれも銀行ＯＢについてのことだ。

信用商売の銀行が、「実質クビ」のような乱暴なリストラをすることはこれからも考えにくい。その代わり、銀行がいわゆる「面倒を見る」これらのポストについては、処遇は時を追って下がっていくだろう。また、仮に給料が下がることは許容できても、最近の言葉を使えば、必ずしも高付加価値を期待されない「非裁量型」の仕事やポストが増えてくる。関係会社であれば業容が拡大しない中、押し込まれるＯＢの数が増えれば仕事は細分化されるだけだ。外の企業についても、恐らくこれまでの価値観で言えば「そんなところにまで人を出すのか」というステータス・レベル感の会社のポストが中心になっていくだろう。

働く人が創造する「付加価値」と会社が提供する「処遇」は、表裏一体の因果関係にある。どちらが先か後かは別として、少なくとも誇り高き銀行員にとって、仕事のやりがいが急低下することは間違いない。「何のために働くのか」、これまでも月に一度くらいは自問したこの命題が頭に浮かぶ頻度が増すかもしれない。

自分の道は自分で切り開くしかない。「いつまでも残らずに外にどんどん出て行ってくださいね」というのは、銀行の経営上の必然性から出た言葉だが、銀行員自身も前向きに捉えてチャレンジするべきではないだろうか。

あらためて、メガバンクに限らず、およそ銀行員にとって「一生安泰」はもう古いのだ！

「AI時代」の中での銀行員

仕事のツールとテクノロジーという観点で見ると、「ＡＩで仕事がなくなる」というフレーズを週に一度くらいは目や耳にするようになっている。

２０１４年にオックスフォード大学のマイケル・Ａ・オズボーン准教授が発表した論文『雇用の未来——コンピューター化によって仕事は失われるのか』によると、人間の仕事は７００種に分類され、10～20年程度で約半分がコンピューターに代替されるということだ。同論文による銀行関連でなくなる仕事は、「融資担当者」と「クレジットアナリスト」らしい。果たしてＡＩは銀行（員）の仕事を変えるのだろうか。結論は月並みだが、ＹＥＳとＮＯの両方だろう。

銀行の伝統業務である預貸ビジネスは、「金を預かってそれをヒトに貸す」というシンプルなものだ。日本でも弥生時代にそのルーツがあると言われるような「歴史ある」ビジネスなのだ。「お金」という抽象概念を仲介する以上、そこに根本的な技術革新の余地はない。これは仮想通貨についても、抽象概念を表象しているだけという点で同様だ。したがって、この業務にとってビジネス上の生産性の向上は、業務プロセスの改善に限られる。言わば事務周りの効率化で、「計算」「作文」「伝達」の世界だ。

ＡＩまたはＡＩで総称される高度なコンピューター技術が、これらを代替する可能性は極めて高い。銀行はストックビジネスの宿命として、どこも膨大な事務処理セクションを抱えているが、メーカーの自動化工場とまではいかないまでも、ＡＩを管理する少数の人間で運営される方向になるだろう。

先ほどの大学教授が指摘する「クレジットアナリスト」もその通りかもしれない。現時点でも、すでにかなり「自動化」が進んでいるが、銀行業務で必要な信用力分析は、詰めれば企業の倒産確率を算定することだ。ヒストリカルに積み上がった企業と経済に関するミクロ・マクロの膨大なデータ処理であり、少なくとも効率性・迅速性という観点からは、ＡＩに利があるのは明らかだ。

一方、もうひとつ指摘をされた「融資担当者」はどうだろうか。結論を言えば「融資担当者」に限らず、フロントの顧客インターフェイスにかかわる仕事はＡＩにも代替される可能性の少ない業務だと私は考えている。

銀行は伝統的な預貸業務の収益力低下を、証券、Ｍ＆Ａ、不動産（本体ではできないが）などの周辺業務で補ってきた。「周辺」業務という表現がすべてを物語っているが、要は永年のバンキング業務で獲得した優位な地位を利用して、他人のビジネスへ浸食しているわけだ。これらの業務は伝統的なバンキングがストックビジネスであるの対し、フローのビジネスだ（不動産は両面を持つが）。このため「事務周り」の効率化の余地は少ない。フロントの力が競争力を左右する。

これら非バンキングビジネスを含め銀行業務の競争力は、これまで以上にフロントの優位性に依拠することになる。すでに多くの商品・サービスがそうだが、供給力が需要を上回る（まさにバンキングがそうだが）ところでは、価格訴求力は低下し、非価格競争力がモノを言うようになる。最後は、人と人が判断をしていく中で、銀行においても、インターフェイス、すなわち「営業力」を高めていくことは、ＡＩによる代替が難しい不可欠な成長要素だ。

もうひとつ、ＡＩによる代替できない分野として考えられるのは、アイデアを必要とされる企画的業務、本来の「裁量労働」だろう。ＡＩは自ら学習能力を持って成長するとはいえ、基本は帰納法的なアプローチだ（と少なくとも私は理解している）。プロ棋士に勝つのも、過去の膨大な勝負データを制限時間のある中で瞬時に認識し、帰納的に次の手を判断することによる。だとすれば、消去法的な言い方だが、人間は演繹的な発想でアプローチをするのが生きる道ではないだろうか。

銀行にはもともと地頭のいい人材が集まっている。新しい環境下で柔軟な発想のアイデアを出していくことは、銀行員の比較優位だろう。

最後に、ＡＩが絶対に代替できない職務は「管理職」だ。これからも面白おかしく「ＡＩ役員」や「ロボット上司」がマスコミで取り上げられるに違いない。実際、勤務時間チェックやＫＰＩによる行動管理など、労務的なマネジメントはＡＩに代替される可能性はあるが、部下のモチベーションアップなどのメンタル面を含めたマネジメントはまず無理だろう。特に銀行のように、人間関係のアヤが良くも悪くも組織のエネルギーになっているところで、調整能力の高い「ＡＩ名上司」が生まれる可能性は皆無だと考えている。

ＡＩ時代の銀行は、ヒューマンスキルに優れた営業フロントと、ユニークな発想を持つ企画マン、そしてそれをマネージする懐の深い管理職がメインキャラクターになっていく。ただし、このような絵姿になるには、まだまだ時間を要する。

繰り返すが、今回のメガバンクのリストラ発表は、ＡＩ時代の先駆けではなく、マイナス金利に象徴される構造的なビジネス環境悪化への収益対策と、フタコブラクダによる年次構成のゆがみに対する人事施策と理解すべきなのだ。

「人生100年時代」を迎えて

人生50年時代というのはもはや時代遅れながら、それに次ぐフレーズが表れない中、ここに来て一気に「人生１００年時代」という言葉が出てきている。これを働く時間に換算すれば「社会人50年時代」の到来だろう。その中で銀行員は、もともと実質定年50歳の

25年人生と言われてきた。「社会人50年時代」を前提とすれば、銀行員にとってこそ、実質、定年後の「ながーい人生」をどう生きるかが最も切実な問題なのだ。逆の見方をすれば、「転職必死」時代の先駆的な業種とも言える。

社会人50年時代の先駆者として、あらためて自分のキャリアを考えるうえで一番大切なのは、「主体的」に捉えるということだ。銀行員は入行以来、2~3年ごとに人事異動がある。毎春の人事考課時に「次に異動したい部署」を調査書に記載はするが、まず実現することはない。人事部が決めるからだ。その結果、いつの間にか指示待ち人間ならぬ人事異動発令待ち人間になってしまう。これからもしばらくの間は、50歳近くの「年ごろ」になると、銀行が転職先を紹介してはくれるだろうが、受け入れ先も減っている中、満足度の高い職場を得るのが難しくなっていることはすでに述べた通りだ。

「やりがいのある仕事」を獲得するには、より早い対応と、そして何よりその際には「自分の人生を自分の頭で考える」ことが必要だ。当たり前と言えば当たり前。だが、これがなかなかできないのが銀行員であることも事実なのだ。

――「転職売り手市場」での銀行員の立ち位置とは？

リーマンショックの直後は大手町・丸の内では万単位で仕事を探している金融マンがいると言われた。外資系金融機関をクビになった人たちが、日系金融機関に仕事を求めていたのだ。それからマーケットは徐々に改善し、現在は「全国的」な人不足の時代になった。その中で銀行員は人材の供給源として期待される存在だ。

一方、今回の万単位のメガバンク大リストラ計画は、一過性のものでないことを理解していただきたい。資本余剰の日本にあって、これからも「金あまり」による貸出難は続くだろう。また先述したように、長期的にはＡＩに職を奪われる人が出てくるかもしれない。しかしながら、銀行員の余剰人員体質は、時代にかかわらず恒常的なものなのだ。いずれにせよ、50歳までには外に出なければいけないのが宿命だ。であれば、50歳を待たず「人不足」の環境下で次のチャンスを求めるのは合理的な行動だ。

メガバンク体制の功罪はいろいろある。レトリカルな言い方で恐縮だが、メガバンクの大量採用は頭抜けた人材を排除し、普通の人たちを集中させた。それはそれで社会に受け入れられやすい人材集団に体質を変化させたとも言える。都市銀行時代の採用数であれば、がんばれば偉くなれるかもしれないという期待を誰にも持たせていた。しかし、1000人単位の同期を持つメガバンクの中で偉くなるのは、言わば確率の世界だ。エッジの立った人材は、外資系企業や総合商社にシフトしてしまった。

従来、都市銀行など大手銀行から事業会社への転職については、シニア層が多かったということもあるが、処遇ギャップの格差以上に、銀行員の持つステータス意識がその障害になっていた。「こんな会社に給料を下げてまでオレが行けるか」ということである。今、この意識は明らかに変わった。あまり尖っておらず組織適応力の高い「優秀なサラリーマン」は、転職市場では大切なキャラクターだ。もともと基礎能力が高く計数感覚を持つ中、無用なプライドがなくなった銀行員、特に若手・中堅層へのニーズが増大するのは当然だ。

ここでメガバンク体制となってからの転職状況を見てみよう。

まず、合従連衡時のカオスの中で、優秀な人から順に外資系を中心に、金融・投資ファンド・事業会社などへ転職した。先発組の優位さで、多くの人がそれらの組織で幹部職員として活躍している。「創業者利益」ならぬ「早期転職者利益」を得たわけだ。これが第

1フェーズ。
その後、金融危機が去り、メガバンク体制のもとで銀行収益とともに行員の処遇がリバウンドしたことから転職のペースは落ち着いた。その中で、合従連衡後の縄張り争いの結果、負けた銀行側の出身者が中堅行員を中心に徐々に転職で職場を去って行った。これが第2フェーズ。

現在は、すでに述べたように、銀行給与の回復により、一般企業との格差が再度拡大した。この結果、仕事や将来への漠とした不安・不満は持ちつつも、外に飛び出すまでには至らない、そんな状況だ。その中で銀行も「ずっと面倒を見ることはできないので、どうぞ皆さん、いい仕事が見つかれば外の世界でご活躍ください」と言っているのだ。

そして何より、折からの人不足時代であり、転職のチャンスは増大している。一般企業の側も、優秀な銀行員が来てくれるのを期待しているのだ。多くの銀行員にとって、今が転職のチャンスであるのは間違いない。

第1章

銀行員は必ず転職を経験する

銀行員は「安定」した職業か？

あらためて銀行員の人生について、銀行の人事の仕組みや特徴を見ながら考えてみたい。

まず「銀行員」と聞くと、世の中の人はどんなイメージがあるのだろう。ダークスーツをカチッと着こなし、金融街を闊歩するエリートバンカーだろうか。それとも大きな黒鞄を自転車に乗せて街中を1軒1軒御用聞きよろしく走り回る庶民派の姿かもしれない。少し前には、不況に苦しむ経営不振の中小企業から平然と資金を回収する冷たい金融マンの姿を描いたテレビドラマを目にすることもあった。

いずれも真実の一部を語っていることに間違いはないが、本書のテーマである「銀行員のキャリアをどう考えるか」という観点から見れば、最もわかりやすい説明は「他業種に比べて圧倒的に早く退職して会社を出て行く人種」ということだろう。言い換えれば「あがりが早い」ということだ。

昨今様々なニュースは出てくるが、「銀行」と聞くとまだまだ多くの人は「安定」の代名詞のように考えているだろう。実際、1990年代後半の金融危機の中、公的資金の投入を中心とする手厚い政府支援により、合併や社名変更はあったものの、組織と人の双方がともに消滅してしまった銀行は存在しなかった。世界の金融機関が５００兆以上を失ったと言われたリーマンショックにおいても、むしろ日本のメガバンクが米系投資銀行を実質救済したことは記憶に新しい。

最近は耳にすることも減ったが、競馬で本命馬が強すぎて配当の少ない（面白味のない）レースを半ば揶揄《やゆ》して「銀行レース」という。少なくともこれまでの日本の金融行政を見る限り、あながち外れた表現ではないだろう。

しかしながら、組織の安定性と雇用の安定性は実は異なるもので、組織が消滅しないという意味で安定しているからといって、必ずしも終身雇用が保障されているわけではない。逆に雇用が市場重視型で流動性が高いため、収益的には経営が安定する会社もある。

日本の多くの企業においては、再雇用を含め法律にしたがう形で65歳までの定年を社内規定で定めている。実際に多くのベテラン社員が定年に伴う「円満退社」をしている。最後の出社日に家族一同が「長い間、私たちのためにありがとう。ご苦労様でした」と言いながら父親を玄関で送る姿は、日本のホームドラマの定番的な原風景だった。

一方、銀行ではどうか。もちろん形式的には法律通りの定年を定めているが、年齢に関する銀行の本音の考え方をわかりやすく示す例として、「永年勤続表彰」なるセレモニーがある。銀行によって名称は異なるが、要するに入行後一定年数を経過した同期入社者を対象に、全員を集めて表彰し記念品を贈呈する催しだ。さすがに最近は減っているようだが、大手行では根強く実施されている。

ここで興味深いのは、その実施時期がほとんどの銀行で「入行25周年」近辺に集中している点だ。表彰の趣旨は文字通り「永い間働いていただいてご苦労様でした」ということだが、その後に「これからは銀行を離れてそれぞれ自分の人生を歩んでください」という裏のメッセージが隠されている。実際に、その前後の数年間で、ごく一部のエリートを除いて大半の者は銀行を物理的に去って行く。

入行後25年というと40代後半の年齢、子どもはまだ学齢期の人が大半だろう。にもかかわらず、何と実質的な「卒業式」がセレモニーとしてなされる。四半世紀と言えばそれなりの期間に聞こえるが、今や「人生１００年時代」が到来し、50年近くは働くのが普通と言われる中、その半ばでいったん卒業してしまう。銀行員の人生、正確には銀行員として働く人生は、あっという間の儚いものなのだ。

銀行での定年退職は、まずあり得ない

銀行員としての人生が25年とすれば、銀行員で定年まで職を全うする者はほぼ皆無に近いということだ。

実際に一部の専門職を除けば、経営陣も含めて、定年を銀行で迎える人はまずいない。私自身も銀行員時代、昔の上司が次々に外の会社に出て行くのを見て、新陳代謝の早さを漠然と感じていた。そして後年、人事部で仕事をしてみて初めて、銀行が言わば不可侵の命題として、組織のキープヤングを意識していることを知った。銀行は昔から早々と終身雇用とは決別していたのだ。

しかし銀行員は、新入行員は言うに及ばず、恐らく中堅層においても「銀行は終身雇用から最も遠いところに位置する職種」であり、「銀行での定年円満退職はまずあり得ない」という事実を克明には理解していないのではないだろうか（むしろ、キャリア意識の高い新入行員がこの事実を冷静に見始めているかもしれない）。

50歳頃までには全員外へ出るとして、子どもが学齢期の中、年金生活まではまだ間がある。したがって、誰しも銀行以外での職場で仕事をして収入を得る必要がある。生活の

ためには転職をするしかない。多くの場合、まずは銀行が取引先や関係会社を中心に転職先を紹介してくれる。また、後述するように出向という形でスタートするのが一般的だ。しかしいずれにせよ、もはや銀行本体に戻ってくるポストはない。実質的な銀行からの退職だ。

こうして考えてみると、銀行員は「転職を前提とした職業」であることがわかる。安定の代名詞と思われた銀行員は、実は終身雇用の反対側におり、転職を前提としたライフスタイルを宿命として背負っていたわけだ。

1990年代の金融危機以降、中高年齢層ではなく、20代、30代、そして40代前半まで含む幅広い層の銀行員が自主的に転職するケースが増え、銀行のみならず証券、保険を含めた金融業界全体の労働流動化が一気に進展した。

私が20代、30代の頃、すなわち70年代から80年代、さらには90年代前半もそうかもしれないが、若手・中堅行員が転職するというのは、驚天動地のできごとだった。転職で送別会を開いてもらえるのは、親の急逝で実家を継ぐ場合くらいで、それ以外の自己都合による転職、特に外資金融機関に移るなどというのは「裏切り者」「国賊」的な扱いを受けた。

このような「転職は犯罪者」的な価値観の中で、まずは20代、30代前半の行員が、金融危機に際して「銀行も将来どうなるかわからない」と本能的に鋭く捉えて辞めて行った。それに続く大手行の合従連衡の動きの中では、30代後半～40代前半の中堅クラスが、「合併行間の縄張り争いにはウンザリ」という共通の価値観を背景に、「負け組の銀行出身では残っても意味がない」「数に任せるメガバンクは自分の金融像とは違う」など個別の事情で退職した。

ここ10年、メガバンク三行を中心に銀行の体制が落ち着いてからの転職は、主に入行後数年内の20代前半、すなわち第二新卒的な転職が可能な世代が中心だ。この層の転職は銀行だけではなく、昨今ほとんどの産業や業種に見られる「社会現象」であり、銀行の人事も計算に入れているものだ。これに対して30～40代の中堅層の転職は減っている。一時引き下げられた処遇がだいぶ回復してきたことと、もともと安定を好む銀行員のＤＮＡが発揮されているのだろう。

こうして見ると、暗黙のアナウンスである「いつまでもぶら下がらないでどんどん銀行の外に出て行ってくださいね」というのは、当事者である「フタコブラクダ」世代に向けての銀行のメッセージではあるが、副次効果として30代、40代の中堅行員の意識改革も視野に入っているのだろう。「あなた方の先輩のように安穏としていると将来困りますよ。

市場価値のあるうちに準備をして考えたほうがいいですよ」ということだ。

あらためて考えてみよう。銀行員である以上、少なくとも定年前に一度は転職をしなければならない。だとすれば、その事実を正面から見据えて、むしろ積極的に自分のキャリアを考えていくことが大切だ。

それは本人はもちろんのこと、雇う側の銀行においてもそうだ。他力本願でいつまでも会社頼みの寄らば大樹のぶら下がり社員より、自らの道筋をきちんと考え、意識を持って能力を高める努力を継続する社員のほうがずっと会社のためになるはずだ。

繰り返しになるが、銀行員は必ず転職をする。そういった職場に入った以上、それを前提として自身のキャリア・進退を常日頃から考えておく必要があるということだ。

ホワイトカラーたちのトライアスロン

そもそも考えてみれば不思議な話だ。銀行は、他業種に比して質・量ともに圧倒する水準で新卒採用市場から人材を吸い上げる。その一方、せっかく入った人材なのに、理由はともあれ、時の経過とともに、順次、彼らは銀行を去って行くか追い出される運命にある。そして定年を待つことなく、ほぼ全員が銀行からいなくなる。自発的な転職から会社に促される形での転職まで外に出る経緯はいろいろあろうが、膨大なる人的資源が、多くの場合十分に活用されることなく組織から消えていく、すなわち人材多消費型の産業なわけだ。

銀行は、昨今のニュースの影響などで多少の上下動はあるものの、学生の就職希望企業ランキングにおいては常に上位を占めている。特にいわゆる有名大学の学生にとっては最も人気の高い業種と言える。実際、メガバンクを中心に各行は、東大をはじめ有名大学からそれぞれ100名単位の学生を採用している。「優秀な人材」の定義はいろいろあるだろうが、少なくとも学力においては上位の学生を大量に集めることに銀行は成功していると言える。

では、この大量の「優秀な人材」は入社後どうなっていくのか、どのような経過をたどり「転職」まで至るのだろうか。私は銀行というのは「ホワイトカラーのトライアスロン」の場であり、銀行員はその競技者だと捉えている。

当事者である銀行員自身が参加者であることを自覚しているかどうかはわからないが、

大手行だけでおよそ4000～5000人の優秀な学生が、毎年4月1日に「ヨーイドン」でレースのスタートを切る。そして、各社において過酷な競技種目を様々にこなしながら、頭取を頂点としたトップを目指す。レースについて行けず途中リタイアする者、レースのバカバカしさに気付き、もっと効率（見入り）のいい別の競技に参加する者、好スタートを切ったもののレース半ばから失速してしまう者、人ごとにいろいろなレース模様を示しながら、およそ30年間競技は続けられる。数百名いた同期が、言わば順次間引きされながらレースは続き、結局最後に1人だけ残るという壮絶なシステムだ。

では、このレースはどのように運営されているのだろうか。さすがに金網に囲まれルール無用で戦うバトルロワイヤルというわけではない。トライアスロンのルールは何かというと、「同期主義」と「人事ローテーション」に収斂される。

経験者でないとわからないだろうが、銀行の「同期主義」、言い換えれば「年次主義」は実に徹底している。世の中全体では、年功序列の排除や能力主義、適材適所などなどいろいろなことが言われる。銀行も、その最先端を行くが如く非年功型の諸制度を取りそろえて、それなりの構えを示している。しかしながら、建前を離れた実際の運用を見ると、人事のコアとなる評価と人事異動は、ほとんど同期主義・年次主義を軸にして決められているのだ。「同期の中での評価は何番目か」「今年は○○年入行者が部長に昇進する予定」「同期が上司ですでにいるので、あのポストには異動させられない」という具合である。

銀行の同期主義というのは、銀行の人事部サイドだけでなく、当人たちにとっても深く根付いている。一番象徴的なのは、「後輩に遅れてもかまわないが、同期に遅れをとるのは絶対に我慢ならない」という銀行員の心情だろう。

このような「同期主義」の空気がみなぎる中、銀行の人事マンの最初の仕事は、まず何よりも行員の入行年次を覚えることだ。その知識なくしては何もできない。私も銀行員時代、人事部に配属された当初は、あたかも英単語を覚えるが如く、総合職全社員の名前、出身大学、そして何より入行年次を記載したカードを持って、ひたすら記憶したものだ。

ここまでやる理由は、人事部の最大の仕事は、入行年次ごとに同期内の評価の順位付けをすることにあるからだ。

もうひとつのルールである、銀行を特色付ける人事上の特色は、ローテーションによる異動だ。これも経験者でないと感覚としてわかりにくいだろうが、銀行員は入行以降、退職に至るまで、平均して2～3年の単位でずっと人事異動を繰り返す。しかもほぼ例外なく、異動のたびに新しい職種に就き、新しい顧客や地域を担当する。仕事を覚えて顧客と親しくなる頃には、すべてがリセットされ、また一からの出直しだ。率直に言って大変なことだ（ちなみにフタコブラクダの世代はローテーションが長くなっており特定のポストに3年以上在籍することも増えているが、これは次のポストがなかなか見つからないためと推測される）。

次々と異なる環境に投じられるだけでもひと苦労だが、新しい部署に就くと、3か月で仕事に慣れ、その後の1年間では仕事の収穫を急ぎ摘み取らなければならない。未経験の新しい環境下では、相当ストレスのかかる状況だ。

例えば私の場合、入行配属先は東京で中堅中小企業向けの営業だったが、その後は地方都市での個人預金集め→官庁出向→国際金融→大企業向け営業→個人預金集めの管理職→人事といった具合だ。これは極端な例ではなく、ごく一般的なものだ。

にもかかわらず、誰もが新しい仕事に異動して2年程度経過する頃には、すでに次の部署に異動すべく気持ちの整理ができている。むしろ今の仕事にやや飽きてしまい、次を待ち詫びる状態と言っていいかもしれない。不思議なものだ。

では、なぜこのような人事ローテーションに基づく異動が行なわれるのか。それは、実力チェックと人材育成のためだ。

2～3年で次から次へと異動を繰り返す過程において、銀行員は様々な仕事に就くこと

■人事ローテーションの例① Aさん（50歳 男性）

1991年一橋大学経済学部卒、都市銀行M行に入行。49歳で自主退職するまで9部店を異動。エリートとして20年近くやってきたが、キャリアパスのはずの支店副支店長ポストで失速、事業会社出向でも挽回できず、昨年事業会社に転職。

		勤務部署	役職	業務内容
1991年	都市銀行入行			
	①	都内支店勤務		預金・中堅法人営業
1994年	②	都内支店勤務		大企業法人営業
1998年	③	本店資本市場部	調査役	社債受託業務
2002年	④	本店企業金融部	調査役	M&Aアドバイザリー
2006年	⑤	本店リテール業務部	審議役	子会社戦略の策定
2009年	⑥	本店営業部	次長	大企業法人営業
2011年	⑦	関西支店	副支店長	中堅法人営業
2013年	⑧	事業会社出向	財務部長	財務業務全般
2016年	⑨	証券子会社財務部副部長		子会社財務戦略策定
2017年	転職	事業会社財務部長。現在に至る		

■人事ローテーションの例② Bさん（51歳 男性）

1990年慶応義塾大学商学部卒、大手信託銀行入行。30代までは国際畑を歩む。銀行の国際部門縮小に伴い証券・国内業務にシフト。職種としては事務系の位置付け。現在は監査部で出向ポスト待ち。

		勤務部署	役職	業務内容
1990年	大手信託銀行入行			
	①	都内支店		預金事務・法人営業
1992年	②	国際企画部	主任	海外拠点管理システム
1995年	③	NY支店	VP	総務・管理
2000年	④	国際審査部	部長代理	外資系企業審査
2004年	⑤	金融法人部	次長	生保向け営業推進
2007年	⑥	証券部	次長	自己投資ポートフォリオ管理
2010年	⑦	都内支店	副支店長	支店事務管理
2012年	⑧	子会社出向	副部長	アセットマネジメント事務企画
2017年	⑨	内部監査部	審議役	部店監査リーダー

ができる。そのような異なる環境下における仕事ぶりが、つぶさにチェックされるわけだ。確かにフロックは続かない。安定的に成果を挙げることこそ、実力のある証拠だろう。

また、新しい環境の中でこそ、能力の伸長が図れる。マンネリ化した環境下で十年一日のような仕事を続けることは、会社にとっても本人にとっても何もいいことはない。様々な試練や逆境こそが人を育てるのだ。

こうしてチェックと育成のためのプロセスを何年も続けることにより、銀行における人事評価の主目的である「同期内の順位付け」が精緻化していくことになる。

銀行人事の原型は霞が関にある

もちろん他の業種においても、程度の差こそあれ、「同期主義」と「人事ローテーション」という人事システムは往々に見出せる。アングロサクソン型の欧米ビジネスモデルでは皆無と思われるコンセプトだが、日本の企業においては歴史を伴って根付いているカルチャーと言える。しかしながら、銀行ほど徹底してこれらのコンセプトに基づいて人事システムの運用を図っている業種は他に見当たらない。唯一の例外は、業種という範疇からは外れるが、中央官庁を中心とする官僚組織だろう。

最近でこそ「官僚」という言葉は、マスコミで連日報道される一連の不祥事もあり、ネガティブな文脈の中で用いられるケースが増えてきたが、日本の復興と成長を支えてきた大いなる功労者であることは間違いない。産業政策の立案や金融制度の構築を通じて我が国の経済をリードしてきたわけだが、組織運営という観点から見ても日本の企業の在り方に大いに影響を与えたと考えられる。中でも、いわゆる「日本的人事」については、官僚組織の運営の中にこそ、その原型を見出すことができる。

中央官庁においては、毎年数十名のいわゆるキャリア組が入省するわけだが、銀行とのアナロジーで言えば（本当は反対で、銀行が官僚組織を真似しているのだが）、同期入省者が銀行以上に短期間の異動を繰り返しながら、次官という組織のトップを目指して30年以上の時間をかけて競っていくシステムである。その選抜過程において、残念ながら選抜されなかった者が、民間企業や諸団体などの「本省」以外のポストに順次出て行き、結局、同期としては最後に1人だけ生き残るということだ。

私もだいぶ昔になるが、銀行から通産省（現経済産業省）に出向したことがある。その頃に机を並べ夜な夜な仕事をした同僚とは、今でも親しく付き合っている。また学生時代の友人も多くが中央官庁で官僚になっている。したがって、中央官庁の仕事や官僚の実態を熟知しているつもりだ。

お世辞を言うわけではないが、彼らは素晴らしい人々だ。頭のよさ、意志の強さ、人間の幅、そして何よりも志の高さ。いかに銀行員が優秀でも遠く及ばない。ただ、残念なことに、職業の選択が果たしてどうだったのか、環境の変化を読み切れなかったのかもしれない。シンパシーを持って言えば、高い志が職業の選択で妥協を許さなかったのだろう。

話が横にずれたが、ずれついでに、彼らは同期の間で熾烈な出世競争を繰り広げつつ、実は仲がいい。各省20〜30名程度の同期が30年間にわたって、1〜2年（銀行よりさらに短い）程度のローテーションで省内の様々な部署をめぐるわけだ。お互いに隅々まで知り尽くす。人事（大臣官房秘書課）の裁定を待つまでもなく、全員の順番を全員がわかっている。トップには、（政治の介入がない限りは）なるべき人がなるわけだ。誰にも依存はあるまい。

このため、トップまたは上のポストに残った人材は、同期の面倒見がいい。自分がここまで来られたのも同期の協力（犠牲）があったということをよくわかっているからだ。天下り自体は認められるものではないが、このような「同期愛」の側面があるのも事実だろう。

話を銀行に戻そう。銀行の人事システムは諸産業の中で最も霞が関に近いと述べたが、それはなぜか。結論から言えば、価値観の軸が市場や顧客ではなく、組織の内部にあるためだろう。

銀行のように、そもそも客商売でありながら、2〜3年経つと客の意向を確かめることもなく機械的に担当者を異動させるということが、他のビジネス・業種であるだろうか。銀行との取引経験がある者なら多くが持つ感想は、「銀行の人は名前と顔が一致した頃には異動でいなくなる。そうすると一からまた新しい人に説明して覚えてもらわないといけないので大変だ」というものだ。

銀行側にもいろいろな理由はあろう。一番もっともらしい考え方が、長期にわたり特定の顧客のアカウントを持ち続けると、癒着して不祥事を起こす可能性があるということらしい。本当だろうか。銀行の不祥事をつぶさに分析したわけではないが、組織防衛的な理由に基づく行為であったり（例えば支店の数字の引き上げ）、行員ではなく業務委託先などの関係者が関与していたりなど、明らかに要因は異なるところにある場合が多い。

要するに、お客さまの迷惑よりも社内論理を優先しているということだ。前節で触れたように、実力のチェックや人材育成のための人事ローテーションなのだ。そして、このような行動が可能なのも、もとをたどれば、規制業種として多くの既得権益を保持していることに帰着するだろう。そう考えると、銀行の人事システムが、「非市場型」組織運営の最たるものである官僚組織のアナロジーであるというのも頷けるのではないだろうか。

ちなみに、以前ほどあからさまなものは減っているとはいえ、いまだに脈々と続く「天下り」も、銀行との類似点が多く見出せる。官僚組織で天下りがなくならない構造的な要因は、最終的には同期から1人を選ぶというルールのもと、そのプロセスにおいて生じる「過剰人材」を外に出さざるを得ないことにある。仮に65歳の定年まで同期全員を本省で抱えるとすれば、儒教の精神を引き合いに出すまでもなく、シニア層の充溢により組織は自家中毒を起こしてしまうだろう。銀行もまさしく同様だ。優秀な人材を大量採用して同期のレースをスタートさせたものの、後半戦においては「過剰人員化」し、最初は徐々に、そして最終的には全員を、外に排出することになる。

また、官僚社会において天下りが社会的な指弾を受け、従来のようにはままならなくなっている点についても類似点が見出せる。世論の背景には、産業社会の成熟や市場経済の浸透により、天下りの「根源」であった規制や権限自体が減少していることがあるだろう。

銀行においても、資金調達手段の多様化による間接金融の優位性の低下や、株式持ち合い解消の進展などにより、企業に対する発言力は急速に低下している。人的支援という名目で取引先に確保してきた出向・転出ポストが漸減している理由もここにある。天下りを取り巻く環境と同様なのだ。

人事部が「神の手」を持つ理由

アナロジーついでに言うと、銀行と霞が関は、人事セクションが強大な権力を持ち、そこにエリートが配されるという共通点を持つ。銀行では人事部が、霞が関では各省大臣官房秘書課がその役割を担うわけだが、人事評価、人事異動、給与やボーナスの金額の決定まで、およそ人事関連の権限のすべてを持っている（昨今の政・官の関係を見る限り、霞が関の人事権の所在は従前とは様相を異にしているようだが）。ただし、給与など経済的な処遇については、人事院の存在をはじめとして、霞が関の権限は仕組み上限定的である。したがって、そのような限定がない銀行人事部の権限のほうが一層大きく、まさに「全能の神」である。

ただし、同じ金融機関でも外資系銀行の人事部はステータスや役割が大きく異なっている。欧米系金融機関、特に投資銀行については、各ビジネスセクションにおける上司、ラインマネージャーが人事権を持つ。邦銀に比して外資系金融機関は雇用の安定度が低い、すなわちクビになりやすいのが一般的だが、その生殺与奪権についてもラインマネージャーが握っている。

したがって、経済的な処遇だけでなく、ステータスについても決定権を持つ人事上のパワーは強烈であり、いわゆる「パワハラ」や「セクハラ」が生じやすい所以でもある。この結果、外資系金融機関の人事セクションの役割は、多分に事務処理的なものに限定されることとなり、邦銀人事部とは大きく様相を異なるものとしている。邦銀と外資系金融機関で最もポストのステータスの格差が大きいのが人事である。

では、なぜ日本の銀行の人事部はかくも絶大なる力を持っているのだろうか。結論から言えば、人事の最大の目的が、ゼネラリスト、典型的には支店長を作り出すことにあるためと考えられる。

産業の根幹たる銀行は様々な機能を持つが、その中で組織として見た場合、最も骨格をなす最大多数のユニットは「支店」である。社会インフラとしての機能を果たすべく数十から数百の支店を擁するのが一般的だ。したがって、最大多数の支店組織をマネジメントする支店長は銀行の鍵を握るポストであり、支店長の強さで銀行の足腰の強さ、優劣が決まると言っても過言ではない。

実際に支店長の仕事は大変だ。まずは本部から営業成績への強烈なプレッシャーがかけられる。年度・半期・月別などいろいろな期間に応じて様々な目標が課せられる。要するに、毎日数字を上げるべくプレッシャーがかかっているわけだ。

一方、支店運営という面では、大きい店では百人単位に達する行員を束ねて人事管理をする必要がある。特に、コンプライアンス、セクハラ、メンタル、といったカタカナ言葉が支店内を横溢する中、「金融庁」「内部検査」「中小企業対応」などの漢字の連なる問答無用の業務をこなしていかなければならない。ミスは起こらなくて当然、起こったら即責任問題という世界でもある。

このような激務に耐えるには、まずは胆力が重要だが、それを早く実現させるために最も早くて確実な道は「経験」である。入行以降、2〜3年のローテーション異動を繰り返す中で、幅広い業務経験や様々な人間関係を体験し、将来の支店長業務に備えるわけである。

話が横道にそれたが、銀行の人事の目的は、このようなゼネラリストの象徴である支店長を育てるためのローテーション異動である。全国に数百ある支店や本部の間を、万単位の行員を対象に2〜3年おきに間違いなく動かし続けるには、やはり強大な権限を持った

「神の手」に成り切るしかないだろう。

最後に付け加えるが、この「神の手」は生まれた時からではない。他の職種と同じくローテーションで人事部に異動してくるのだ。したがって2～3年で他の部署に異動していく。強大な権限を持っていることを考えれば健全なシステムだと言える。

もちろん、「専門性強化」「現場重視」の流れの中で、事業部門や現場に対して、業績評価などの人事権の一部委譲が進んでいるのは事実だ。だが、銀行人事の本丸である昇格と人事異動は、引き続きしっかりと人事部が握っている。

銀行員が退職する4つのステージ

「神の手」が司るトライアスロンレースであり、最後に1人が残るまで続けられるのだが、もちろんいっせいに「脱落」するわけではない。振り落とされたり、または、自分で辞めて行ったりというプロセスは、概ね4つのステージに分けられる。

①入行して数年以内に辞めていく20代

高い学歴と持ち前の能力、そして巧みな面談技術で厳しい就職戦線を無事に乗り切ったものの、銀行に入ってみれば、高邁な理想とはかけ離れた世界に愕然とする。

数字にいつも追い回され、接待に明け暮れる支店長、居直っておツボネ化した仕切り屋のアラフォー、「辞めてやる」と夜は元気だが昼は上司にペコペコする先輩、見たくない景色を見続けるうちに、誰しも気持ちは萎えてくる。理想と現実のギャップという、どんな世界にもある問題を、あたかも銀行特有の現象と勘違いして退職の道を選ぶ。ほとんどの場合、「儲け主義の銀行のカルチャーは自分には合わない」といった趣旨の理由を吐いて辞めていく。

年齢が若いのですぐに転職できるが、多くの場合、新卒マーケットで優秀層を採れなかった一般の事業会社が受け皿になる。もともと現実不適合な不定愁訴型のタイプも多く、転職しても誰もがハッピーというわけではないようだ。

②「できる人」からいなくなる30代

不満を持ちつつも20代を乗り越えると、銀行の全体像がおぼろげながら見えてくる。また、自分自身の銀行内での位置付けも、何度かの異動を経てわかってくる。視界が広がる中であらためてトライアスロンレースを強いられている自分に気付き、「この大組織の中にいて消耗戦をしても仕方がない」という思いが募ってくる。優秀で自信がある人材ほど「自分の能力を外の世界でぜひ試して見たい」という気持ちが強く、何かのきっかけで一気に転職に走っていく。銀行から見れば人事ローテーションに基づき、基礎能力教育をやっと終えたところ。「まさにこれから働き頭としてがんばってほしかった」と、大いに痛手の転職となる。

「ポテンシャル＋組織人としての基礎知識＋環境変化対応へ柔軟性」を兼ね備えた層であり、企業からの人気が最も集まる年代である。外資の投資銀行や投資ファンド、そしてコンサルティングファームなどに転職して、給料が数倍以上に跳ね上がるケースもこの階層が最も多い。また、一般事業会社に移っても、プロパーの人たちと切磋琢磨しながら、トップ経営層を含め幅広く活躍できる可能性を持っている。ただし、一般的にこの年代が最も銀行と事業会社の年収差が大きいことから、転職による年収ダウンを覚悟する必要がある。

このように、世の中のニーズが高い優秀な人材ではあるが、いわゆる「目端の利く」一部のタイプが中心であり、銀行から優秀な層が根こそぎ消えてしまうわけではない。また、この年代において、銀行も本当にコアとなる人材については、人事や企画など明らかに高い期待度が見えるポストに据えて、実質的な引止めを図ることになる（逆に、これらのポストでないとすれば、銀行から引き止められていないという解釈は成り立つ）。

③己を知って銀行を去っていく40代

「不惑」は世間的にはバリバリの働き盛りのはずだ。会社に入って20年が経過すれば、仕事はまずひと通り経験のうえ、社内人脈もしっかり構築し、体力的にも充実して中間管理職として発展を期すべき時である。一方、見方を変えれば、能力差が顕在化する時期であり、会社として実力のある人は然るべきところへ、そうでない人はそうでないところへと配置を明確化されるタイミングだ。

しかも銀行の場合は、他の同期を眺めてもポテンシャルの高い優秀な人材が豊富であり、銀行側はいくらでも選別できる環境にある。「余人を以てすぐ代えられる」態勢にあると言える。そこで銀行は、これまでのトライアスロンを通じて順位の劣ってしまった人材については、外の企業に出向させたり、明らかな閑職に就けたりすることにより、内外に向けて「レースの落後者」であることを知らしめるという行動に出る。そうなるとプライドの高い銀行員は「もはやこれまで」と悟りを開き、自ら外に職を求め、何とか回生を図ろうとするわけである。銀行の思う壺だ。

当然、悟りを開いたとしても皆が皆、外に出ることができるわけではなく、技量の不足した人は銀行に残らざるを得ない。銀行はある意味で悪平等の組織であり、そのような行くところのない落後者についても、（少なくともこれまでは）世間では高給と判断される水準の給与を払い続けてきた。たとえ行内では肩身が狭くとも、私生活では趣味に生きたり、家族と過ごす時間を増やしたりして、むしろ幸せを感じる機会が増えるかもしれない。

こうしてこの頃になると、行内に残るのは、「外に行き場もなく、また行動を起こす覇気もない層」と「引き続きアップサイドの可能性を残すトップ層」という形で、二層分化が進展することになる。

④大人の世界の50代

入行後30年近くもレースを闘い続け、ここまで勝ち残ってきたトップ層も、役員になれるか否かという極めてシンプルな形で結果が出てしまう。大手銀行は、最初の役員就任年次が概ね50歳前後と決まっている。この年齢は、世間一般の会社では部長になってこれから本格的な管理職としてがんばり始める年代であり、早すぎるファイナルステージかもしれない。

同期に役員が出た段階でほぼ同時に、それ以外の残っていた行員もほぼ例外なく銀行か

■銀行における年齢階層別の離職イメージ（総合職）

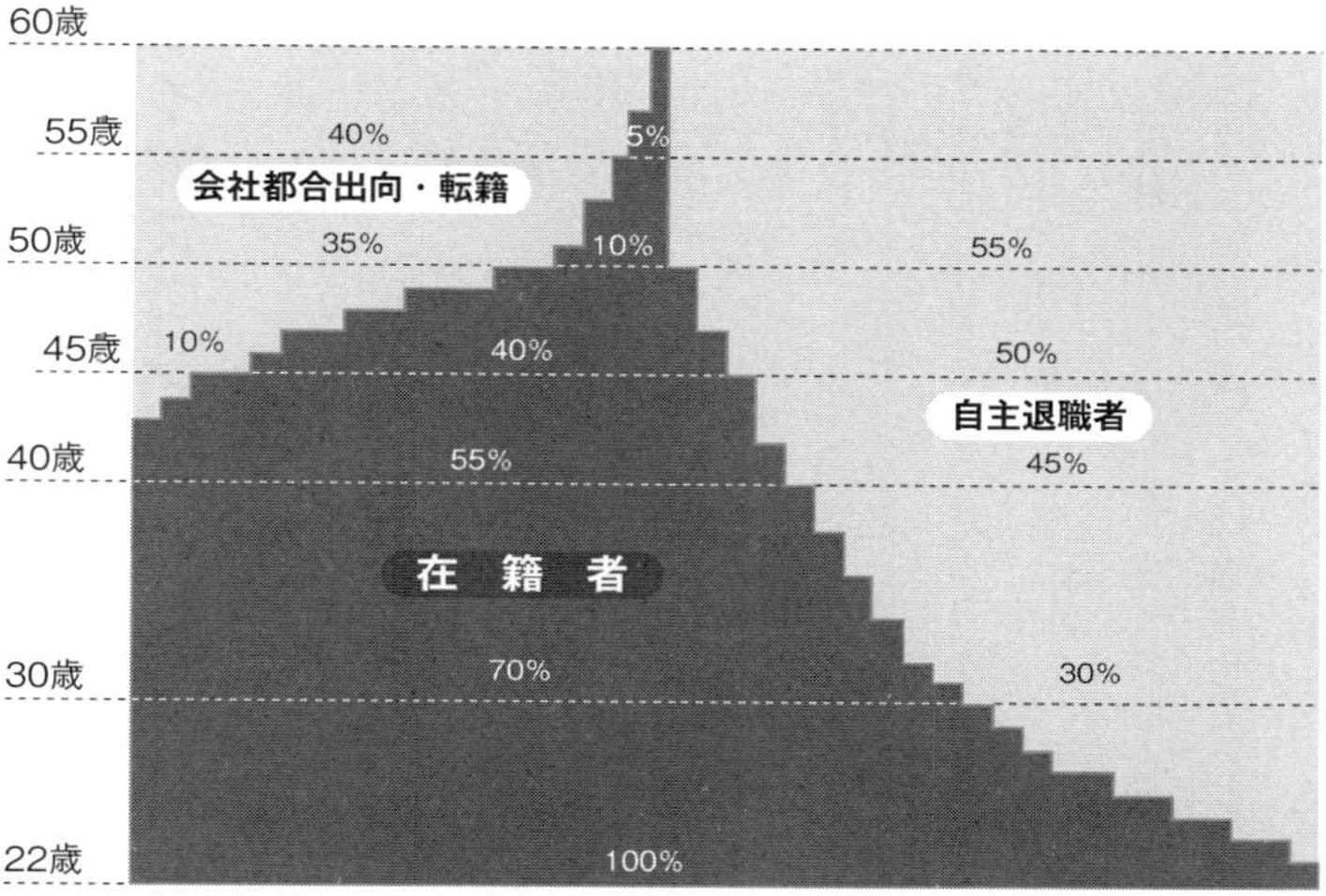

注）各百分比は、各年齢層における該当同期数／入行時総数の推測概数
会社都合出向・転籍者には、早期退職制度による退職者数を含む

ら離れることになる。もはや若い時のようにギラギラと表立った競争心を見せることはない。結果だけを恬淡《てんたん》と受け入れ去っていくのみである。トライアスロンの最終コーナーで振り落とされたツワモノも、銀行が用意してくれた外部ポストに就くか、最後の意地を見せて自身のネットワークで仕事を見つけるかだ。

こうして長かったレースも終焉を迎え始める。そして、役員就任後5～6年内で決するトップ人事ですべてが完了する。ちなみに最終レースの審判は、人事ではなく経営トップによる。1人が1人を決めるわけだ。当然ながら良くも悪くも属人的判断だ。もしそれが不条理な人選であれば、銀行も不条理な道を歩むということだろう。

トライアスロンはなぜ必要なのか

こうして見ると、銀行は毎年優秀な人材を多く採用しては、同期の間で競争をさせ選抜を続けることにより、結果的に人材を外に流出させていくという、何とも非効率な組織体だ。エコやサステナブルがキーワードの昨今にあっては、人材を大量生産（採用）、大量消費（退職）するという前時代的な存在とも言える。優秀な人材が慢性的に不足している事業会社や中堅中小企業にとっては贅沢な限りであり、また不快感を催す話だろう。

では、どうして銀行業はこうまでしても優秀な人材を、ある意味では質・量ともに必要以上に多く採ろうとするのだろうか。早晩辞めていくことになるのであれば、最初から無理に採る必要はないのではないか。しかも、高度成長期以降の数十年間にわたって基本的な行動は変わっていない。何か構造的な背景や理由があるに違いない。

それは、国が言わば「人材集中産業」として銀行を育ててきた歴史的背景があるものと思う。戦後の日本は文字通りの焼け野原からスタートしたわけだが、中でも資本と労働力、お金と人が大いに不足していた。そのため資本については、いわゆる「傾斜生産方式」のもと、インフラ資源や重化学工業を中心とする基幹産業に集中的に投入してきた。

その際のパイプ役になったのが金融機関、とりわけ大手銀行だった。銀行をして適切に資本の配分をなさしめるためには、人的資本も優先的に配分する必要があり、結果的に銀行に優秀な人材が集まりやすい仕組みができたわけだ。仕組みの最たるものは、銀行にとり超過利潤をもたらす金利体系や店舗網についての制限的な規制だろう。この結果、銀行は長期にわたり高収益の獲得が可能となり、当然ながら高い処遇水準により、優秀な人材を吸引できたのだ。

その後の金融自由化の進展で、銀行の実質的な収益水準は低下してきている。それでも処遇水準は、他産業と比べて引き続き優位にある。産業としての優位性と言ってしまえばそれまでだが、目に見えるもの、見えないものを含め、やはり制度面での既得権益があるのだろう。

こうして質量ともに豊富な人材が集中してしまえば、時間の経過とともに必然的に選抜過程が発生してくる。組織はフラットではなく、ある程度のヒエラルキーを作らないとうまく機能しない面があるが、もとは同じく優秀な人材でも組織運営のために、「選ぶ」または「振り落とす」という行為が必要になるわけである。企業経営の観点からも、ギリギリの人材でやりくりするよりは、常に余剰を抱えながら選抜を続け、競争原理を維持することは正しい選択だ。

また、そもそも銀行員は「選ばれること」が好きな人種とも言えよう。子どもの時から勉強ができたため、気付いてみれば、少しでもいい大学、少しでもいい会社、少しでも上のポストへという志向がビルトインされている。やや古い言葉だが、「偏差値社会の落とし子たち」であることは間違いない。絶対的価値の軸があるわけではない。「少しでもいい」ということが重要なのだ。こうなると選ばれた結果ではなく、選ばれること自体が喜びの源泉になり、そしてそれが目的化してしまうことになる。手段の目的化は古今東西どこでも見られるが、選抜自体が目的になってしまったのだ。

地銀・第二地銀がとるべき今後

ここまで主にメガバンクを念頭に述べてきたが、地銀行員の視点からあらためて考えてみたい。

経営環境の厳しさという点では、率直なところメガバンクを越える。もともと経済の東京一極集中で地方経済の地盤沈下は著しい。主要業務である貸出先が減る一方、預金は期せずして集まることから、慢性的な資金運用難だ。勢い安全資産である国債の保有が増えるわけだが、利ザヤの縮小で基礎収益力は長期的に低下傾向にある。なかなか出口が見えない中、悩みは深い。「地方創生の時代」と言われながらも、時代は必ずしもその方向には進んでいないことを冷静に認識することがまずは必要だろう。

その中で、地銀の行員のこれからの方向感としては3つある。

ひとつは、地銀同士または他業態との合従連衡が退職までずっと続くという認識を持って、昨日のライバルとも仲良くしながら細く長く生き抜くという道だ。九州の地銀同士の合併を当局が認めない事態が続いているが、どうも地銀の力を過大評価している気がする。これだけ金融が多様化している中で市場を支配する力はもはやないだろう。単独・自力で生き残ることは多くの地銀にとってなかなか望みづらい。合従連衡を前提に銀行員の道を全うするのは、まずは理解できる選択肢だ。

2つ目はコネクション・人脈を活かして、早々にも地元企業に入り込むという道だろう。もともと地銀を選ぶ人は地元志向が強いので、こちらの選択肢が王道かもしれない。地元企業自体が停滞気味という環境ではあるが、銀行員としての資質と経験は、必ずや経営スタッフとしての就業機会を見出せるに違いない。

3つ目は、東京他大都市圏への転職に打って出る道だ。可能性としてあるのは、ＩＴ系などの新興の金融機関と保険やノンバンクなどだ。その際に期待されるのは、地元で涵養された（と推測される）リテールへの理解とノウハウだ。日本の大手金融機関のウィークポイントは、視線がＢｔｏＢ、いわゆる大企業とのリレーションシップに集中しており、リテールを本気で考えていないことだ。したがってリテールがわかるということは、実態は別として大いなる競争力となる。

実際に私の知り合いの関東北部の地銀出身者は、東京支店勤務になったのを機に、そのまま東京に本社のある小売系銀行に転職した。そこで5年ほど事業開発部長の要職に就いた後、大手ネットビジネス企業が新たに設立する銀行に企画担当役員として移っている。

地銀は①有名大学出身者のふるさとＵターン就職によるエリート階層と、②「地元大好き」土着型のマジョリティに分かれる。双方にとって厳しく悩ましい時代を迎えているのは間違いない。その中でも前者については経験的に世間レベルを認識しており、自身の立ち位置を謙虚に受け止めることができる。一方、後者については数少ない地元名門企業のステータスが身に着いており、ややもすれば期待される資質とは逆に、目線の高さが目立つことがあると言われている。この点は要注意かもしれない。

それでも若者は銀行を目指す

つい先日、経済新聞紙に「新卒就職人気ランキングベストテンからメガが消える！」といった内容の記事が載った。調査対象者（大学）をどこにするかでランキングの傾向が変わるので一概には判断できないが、メガバンクの人気に陰りが出ているのは事実だろう（本書では61頁にランキングを掲載）。

だが時間の軸を広げて、これまで10年間の学生の就職人気企業の推移を見てみれば、多少の上下動はあるものの、銀行が常連として上位に顔を出していることがわかる。さらに、優秀な学生の代表選手として東大生の就職先人気ランキングを見ると、その傾向が一層はっきりとわかる。銀行が就職先として若者に根強い人気があるのは事実だろう。「大量採用・大量転職」「辞めるまで続くトライアスロン」「ローテーション異動によるストレスの継続」など、働く場としてのネガティブファクターは枚挙に暇がないのにである。

学生に情報が十分伝わっていないということがあるかもしれない。確かに、会社説明会や個別面談ではそこまでつぶさに情報は伝わらないだろう。しかし、「ブラック企業」が平然とランキングされてネットで公表されたり、本になって書店に平積みされる時代である。加えて、利にさとい銀行志望の学生の情報収集力を考えれば、当たらずといえども遠からず、という程度は事実を認識していると考えるのが妥当だろう。銀行がどんなところで何をしているのか、彼らはわかっているはずだ。

であれば、それでも若者を引き付けるものは何なのか。お金、名誉、カッコよさ、仕事のステータス、どれも要因のひとつになっていることは間違いなかろう。しかし、それだけだろうか。銀行に入ってみればわかるが、銀行の若者は本当によく働く。銀行から他の業種に移った人間、特に管理職クラスの経験者の誰しもが実感するが、銀行を離れて初めて、銀行で部下だった人材が、世間的には極めて優秀だったことを知らされた。能力もさることながら、黙っていても考えながら自主的に仕事をする姿勢は特筆すべき資質」という具合だ。

銀行が就職先として人気がある理由をあらためて考えれば、やはり本当の理由は仕事の面白さだろう。

例えば、銀行員は40歳を過ぎるころまでは、どのセクションにいても、対峙するお客さ

■就職したい会社ベスト20

総合順位	会社名	男子	女子	文系	理系
1	全日本空輸（ＡＮＡ）	3	1	1	5
2	日本航空（ＪＡＬ）	11	2	2	7
3	**みずほフィナンシャルグループ**	2	7	4	60
4	日本生命保険	1	12	5	41
5	大和証券グループ	7	10	7	37
6	**三菱ＵＦＪ銀行**	9	13	9	61
7	明治グループ（明治・Meiji Seika ファルマ）	31	3	22	1
8	ＪＴＢグループ	24	4	8	141
9	野村證券	5	24	6	21
10	バンダイナムコエンターテインメント	4	28	11	8
11	**りそなグループ**	8	16	3	108
12	第一生命保険	15	11	12	66
13	ＳＭＢＣ日興証券	6	31	16	22
14	大日本印刷	18	9	17	24
15	ジェイアール東日本企画	19	6	13	75
16	**三井住友銀行**	13	15	14	65
17	ロッテ	17	14	23	4
18	博報堂／博報堂ＤＹメディアパートナーズ	12	19	19	34
19	伊藤忠商事	10	30	18	54
20	オリエンタルランド	28	8	20	43

※就職情報研究所（文化放送キャリアパートナーズ）「就職ブランドランキング調査」
2018年4月20日発表より

んはまず自分より年上である。言い換えれば、相対的に若くして重要な仕事ができているということでもある。実際、自分が調べ、行内の合意を取って融資したお金が、工場を建て、お店を作り、モノが生産され、ヒトが購入するという流れの源となる事実を目の当たりにすれば、大きな達成感を得られるのは当然だろう。

大所高所から解釈すれば、資本市場の中心に位置して、資本の配分という最も重要な行為に携われる社会性の高さとも言えよう。どこまで実感として持つか、ましてや学生のうちにどこまでそれが理解できるかは確信を持てないが、少なくともその感覚のエッセンスについては伝わっていると推測される（言い換えれば、就職人気の陰りは、このような「やりがい」が学生に伝わらなくなってきた、そしてもしかすると伝えるべき事実自体が希薄になってきた時に、一気に顕在化するのかもしれない）。

しかしながら、年齢とともに仕事の面白さや感性が変化してくるのも事実だ。金融の持つ社会的機能を折々実感することはあるものの、それ以上に、巨大組織の中で競争をしながら、自分自身が浮かび上がっていかなければいけない。トライアスロンの渦中にある事実に気付き、そのための膨大な労力と、時としては仕事上の無駄もあえて甘受しなければならない。おかしいとは思いつつも自分の価値観が変わってくるわけだ。若者は銀行を目指す、そしていつの日かまた銀行を去っていく。

◇　◇　◇　◇

とかく銀行は世間からあれこれ言われやすい。バブルが起これば放漫融資を批判され、不況になれば貸し渋りを指弾される。やっと経営が落ちついてきたと思えば、未曽有の超低金利政策で利ザヤの悪化が続く。

「晴れていると傘を貸し、雨になると傘を取り上げる」のが銀行と揶揄されるが（もっとも最近は「健康な時に無理やり輸血をし、病気になると献血をさせるのが銀行」とも言われるようだが）、銀行側からすれば「一体どうしろというのだ」というところだろう。

しかしそれもこれも、銀行が広く深く社会に根を下ろし、社内外に多くのステークホルダーを擁する存在であることから言われるのだろう。そして何より、銀行には優秀な人材が多く集まり、エリート意識と一部被害者意識のない交ぜになった特異のカルチャーを形成していることが、世間の関心を集めていることも間違いない。

しかしながら、銀行という組織から銀行員に目を転じて見ると、異なる様相を呈する。

すなわち銀行員というのは、終身雇用で高給を保証された特権階級では決してなく、むしろ逆に、定年を全うする前に必ずや転職を余儀なくされる儚い存在であることだ。しかも、在籍期間中は24時間365日ずっとハードな競争を強いられる。当然ながら自分だけでなく、家族も含めて「ワタクシ」の部分はほとんど犠牲になるわけだ。

経営の3要素と言われる「ヒト・モノ・カネ」のうち、明らかに最も重要かつ稀少であるはずの人材が、歴史的な経緯から過剰に内包されている業界構造ゆえに、このような使われ方をされているのは、資源配分の観点からも大いに問題があろう。要するに、優秀な人材がかくも無駄に使われてもったいないということだ。

であれば、銀行員は自身の身の振り方をあらためてよく考えて行動すべきではないだろうか。2～3年ごとの人事異動を重ねるうちに、ややもすれば、自分の人生は人事部が決めてくれるものと思い込んでしまっているのではないか。

もちろんそうではない。重ねて言う、自分の人生は自分で決めるのだ。

第2章

銀行員のための転職プランニング

銀行は転職に圧倒的に有利

銀行員にとって宿命であるからといって、当然ながら誰しも簡単に転職できるというものではない。能力差があり、キャリアの差があり、運の良し悪しもあり、そして何よりも現実的には決定的な要因となる年齢の問題がある。しかし、総じて銀行員は他の業種に比べて転職環境は圧倒的に有利だ。

その理由のひとつは、本人たちが気付いているかどうかはわからないが、銀行員というのは、実際なかなかポテンシャルが高い人材の集団ということである。もともと偏差値的な意味での学力が高いことは周知であろうが、仕事を推進するうえで最も重要な要素のひとつと考えられる「問題感知力」に優れている。「機を見るに敏」という言い方には、風見鶏的な半ば軽蔑したニュアンスが含まれるが、銀行員はいい意味で機を見るに敏な人種である。

適者生存において最も重要なのは環境への適応力と言われるが、まずは環境を認識する能力がないと適応のしようもない。何が起こっているのか、何が問題なのかを理解して初めて次への対応が考えられる。その点において銀行員は、生来的にも後天的にも優れていると言える。

またもうひとつの理由として、銀行員には頭がよくて悪いことをしない、言わば「善良な市民」としてのイメージができあがっていることだ。これも決して揶揄して言っているわけではなく、採用する側から見れば大変重要な点である。

後述するが、採用に際しては履歴書の段階で恐らく6～7割は合否が決まっている。採用する側にとってみれば、いくら面接をしても実際に仕事をしてみないと本当に役に立つかどうかはわからない。このため、まずはボトムラインとして、相応の基礎能力があり、決して悪いことをしないことが必須と考える。この点において銀行員は、実際もさることながら、イメージとしても最もそのような印象を持たれている職業だろう。

さらに、銀行員はお金に詳しいということもあるだろう。銀行の唯一最大の商品はお金であるが、世の中にお金に触れない企業は存在しない。言い換えれば、どこに行ってもお金に絡む仕事があるということだ。そして、お金に絡む仕事は信用が大切で優先度も高い。必要とされる人材も自ずと限定されるわけだ。

具体的には、財務や経理の仕事は言うまでもないが、予算を作ったり経営を管理したりする仕事もそうだ。

一方、例えば自動車メーカーの営業マンだったらどうだろう。優れた営業マンは何でも売ってしまうと言われ、実際そうだろうと思うが、平均像を見れば、やはり自動車を売っていた人は、仮に転職しても同じものを売る仕事が一番適している。なかなか他業種・他業態へのシフトは難しいだろう。

そして、有利な転職環境として最後に上げられるのは、時間的な余裕があるということだ。私は仕事柄、多くの求職者に会うが、時間に追われた中であわてて転職活動をする人が多い。ミドル・シニア層であれば会社から「辞めてくれ」という実質的な退職勧告を受けて期限を切られている人、中堅・若手であれば忙しくて転職活動をする時間もなく、まずは会社を辞めてみたものの準備不足もあり、なかなかうまく進まない人などだ。何しろ次の仕事を早急に決めなければならない。それが焦りを生じさせ、人物を低く見させてしまうのだろう。拙速は避けたいと思いつつ、背に腹は代えられず、結局満足できない転職となるケースが多い。

一方、邦銀の場合、やっていた仕事が撤退でなくなろうと、成績不良でいかに評価が下がろうと、本人が望まない限りクビになることはない。したがって、貧すれば鈍することもなく、ゆっくり時間をかけて仕事を探すことがでる。最も恵まれている点かもしれない。

転職に際して考えるべき3要素

総じて恵まれている銀行員ではあるが、何でもかんでも転職がうまくいくということでは決してない。転職は当然ながら、基本的には慎重に進めるべき事柄である。「転職のチャンス」と書きつつ矛盾して見えるだろうが、実際に転職に至る例を見ると、そのきっかけとして「上司との折り合いが悪くて」というケースが最も多い。熟慮のうえではなく、感情的に一気に走ってしまうのだ。この場合、転職への（負の）エネルギーが強く生じるのも事実だろう。

しかしながら私の知る限り、上司への不満で衝動的に転職をしてうまくいったケースは極めて稀であり、もっとしっかりと転職への動機付けを行なうべきである。その意味で転職は慎重に進めるべきなのだ。ちなみに、銀行員は仮に上司が最悪だったとしても、その上司か自分自身のいずれかが人事異動により、長くても2年程度我慢すれば、必ずやその人間関係からは脱出できるのである。上司への不満だけでの転職はやめたほうがいい。

「転職のチャンス到来！」なのは間違いないが、では、何を基準にして転職を決断すべきか。私は転職に際して考えるべき3要素として、中国古来の言葉にちなんで「地の利」「人の和」「天の時」と考えている。

①地の利

まずは自分の立ち位置を知ることである。銀行の中での自分の評価・位置付けを客観的に分析したうえで、銀行に残ることも含めて、外に出たほうが得か否か冷静に判断すべきという意味だ。

銀行は、他業種に比べて恵まれた職場であることは間違いない。まずは給料の高さだ。簡単に言えば、老いも若きも皆高い。詳しくは後述するが、30代半ばで年収1000万円台を超えて以降、出世しようがしまいがそれを下回ることはまずない。また、会社の安定性、より正確には雇用の安全性も捨てがたい。1990年前後の金融危機以降、公的資金注入やそれを契機とした合掌連衡など、断続的にダイナミックな動きはある。しかし、いかなるケースにおいても雇用は揺るぎない。リーマン破綻のニュースで何度も目にしたが、クビになった社員が身の回りの荷物を入れたダンボール箱を抱えながら「明日から職探しさ」と言ってビルから出てくるシーンは、まず日本の銀行ではお目にかかれないだろう。

だから、銀行に残ったほうがいいと言っているのでは決してない。自分の立場（評価）をよく分析したうえで、社外に出るがいいのか社内に残るのが得なのかを、あらためて考えるべきということだ。

評価の高いトップ層は、銀行に残ってさらなる出世を目指すという選択肢もあるし、外に出てあらためて自分の実力を試してみるということもあるだろう。一方、失礼ながら低評価層については「銀行にしがみつく」というのも有力な選択肢だ。率直なところ、実力なくして外に飛び出すというのは悲惨な結果につながりやすい。仕事ができなくても、ぶら下がっていれば年収1000万円をもらえるとすれば、それはそれで恵まれた話だ。

悩ましいのは中間層だろう。このまま残っていてもトップ層として出世できる可能性はまずないし、いずれ外に出されてしまうだろう。一方、外に出れば、周りを見る限りそこそこやれそうな気はする。でも怖い。

この章の後段で、銀行における自分の評価がどのくらいなのかを、ある程度客観的に知るヒントについて触れてみたい。それらを踏まえながら、銀行に地の利があるのか否か、よく考えてみるといいだろう。

②人の和

次に考えるべきは、自分をサポートしてくれるような人脈やネットワークが周囲に十分あるかどうかという点である。

転職した直後は、ほとんどすべての人が言いようのない孤独を感じるものだ。特に、良くも悪くも年次主義や団体主義に基づいて組織運営されている銀行から一歩外に出てみると、自分一人では何もできないという無力感を強く持つ。

確かに転職直後は、耐えられないくらいの孤独にさいなまれる。そんな「一人ぼっち」の新しい職場でうまく立ち上がっていくには、社外の知人の存在が不可欠だ。例えば、実際の仕事面で社外から営業協力をしてくれたりするような人脈がそうだ。新しい会社になじむ一番の方法は、仕事の実績を挙げることだ。そうすれば周りも存在を認知し、近寄ってくる。しかし、何もないところでいきなり実績を挙げるのは至難のワザである。そこで頼るべきは自身の人脈だ。前の会社の先輩や同期、学生時代の友人など、事情がわかれば助けてくれるに違いない。

また、転職してしばらくは、家族も含め精神的に不安定になりがちだ。うまく立ち上がれるか、生活はできるか、体がきついがもつだろうか、そして転職は正解だったのか……。千々に乱れるそんな思いに対して、気持ちのうえでサポートしてくれる知人の存在も重要だ。相談相手というほどでなくても、話を聞いてくれるだけでもいいのだ。それだけでも大いに救われる。

要するに「人の和」は、自分の人生を振り返ってみて、自分のことを親身になって心配してくれるサポーターがいるかということだ。人生よろずそうだろうが、転職は特に自分一人だけでうまくいくわけではない。周りの支援が不可欠だ。言い換えれば、自身がそこに至るまでの間に、それだけの人間関係を築いてきたかということでもある。自分の人生が集約されているわけだ。

③天の時

地の利、人の和がそろったとして、果たして今（いつ）が転職時期としていいのか悪いのか、最後の判断が必要だ。

転職が成功する最大の要因は言うまでもなく本人の実力だが、その時々の経済環境や労働マーケットに大きく左右されるのも事実である。当然ながら、現在のように人材の需給がタイトになれば評価の軸も緩めになり、有利な転職が可能になる。逆に、リーマンショック直後の転職市場のようにほぼフリーズ状態となった時もあった。転職の難易度は、間違いなく景気の動きと極めて高い相関関係にあり、言わば景気動向そのものと考えてもいいだろう。

こうなると転職のタイミングによって、運不運が分かれてしまう。実際に、リーマンショック後の長期にわたる景気回復過程では、分野にもよるが総じて多くの「ラッキー転職」が散見された。

最近でこそ日本を除く先進国の金融当局は「出口」に向かい始めているが、リーマンショック後の10年間を評すれば、世界中の中央銀行がお金を一所懸命にバラまいて景気浮揚を図った時期だった。その結果、言わば「お金の使い道を考えてあげるビジネス」に携わる職業は大いに潤った。不動産、投資ファンド、M&Aなどだ。

例えば私の知っている、某日系信託銀行の不動産部門に在籍していた人のケースは、運のいい典型だ。彼は、ディール実績もほとんどなく、カタコトの英語しかできないにもかかわらず、信託銀行の不動産部門というだけでスカウトされ、外資系投資銀行に転職した。彼自身の力ももちろんあるが、多くは、外資系投資銀行のブランドと、折からの不動産（ミニ）バブルのおかげで案件に恵まれ、およそ3倍の年収になったのだ。

■転職に際して考えるべき3要素

地の利　《ポイント》銀行の中での自分の評価・位置付けを客観的に分析。外に出たほうが得なのか、残ったほうがいいのか？

評価	有力な選択肢	
	銀行に残る	転職をする
トップ層	経営層を目指す	さらなる飛躍を期する
中間層	（偉くなれるわけではない……）	銀行では目立たなかった実力発揮の可能性
低評価層	まずは仕事と給料を確保できる	（世間で受け入れられないリスク大）

人の和　《ポイント》自分をサポートしてくれる人脈やネットワークが周囲に十分あるかどうか？

人脈の例	前の会社の先輩や同期	学生時代の友人
期待されるサポート	仕事で社外から営業協力してくれる	精神面でサポートしてくれる
	業務面でのアドバイスをしてくれる	いろいろ相談にのってくれる
		悩みや話を聞いてくれる

天の時　《ポイント》今が転職時期としていいのか？　もう少し待ったほうがいいのか？

転職タイミング	景気のピーク	就職氷河期
メリット	転職が比較的容易	不況抵抗力あり。 着実に地歩を固める可能性
デメリット	景気後退とともにクビになるリスク	入るのが大変。膨大な労力を要する

また、メガバンクで企業審査を担当していた30代前半の男性は、日系の投資ファンドに転職して主に企業価値計算の仕事に就いた。彼自身に営業力やネットワークがあるわけではないが、多くの投資案件がEXIT（他者に売却して投資を回収すること）した結果、1000万円単位のボーナスをもらった。

一方、不良債権処理などのいわゆるディストレス系の仕事に就いた人たちは、逆に現環境下では、クビになったり自主退職したりするなど不遇を囲っている。リーマンショック直後は、数少ない求人ポストであり何とか潜り込んだはずだったわけだが、その後の景気展開は読めなかったのだろう。

このように、転職のタイミングによっての運不運は明らかだが、難しいのは幸運は長くは続かないということだ。景気のピーク時での転職は比較的容易である一方、景気後退とともに一気に職を失う可能性も高い。一方、一般的に氷河期に何とかもぐり込んだ場合は、言わば不況抵抗力があり、その後、着実に地歩を固めていくケースが多いと言われている。だが、先ほどの例のように、選ぶ職種によっては逆の場合もある。

要するに、どこでどのようにバランスを取るかということだ。そして、どこを自分のベストのバランスとして選択するかは、当然ながら本人がよくよく考えて判断すべき問題だ。

転職は一度すると止まらない⁉

「天・地・人」を考え、いろいろ思い悩んだ末、「よし、転職するぞ!」と頭の中で決断はしても、実際に行動に移せるかというと、これまた別の次元の問題になる。「現職は不満、でも転職は不安」というのが多くの人の偽らざる気持ちだろう。

ほとんどの場合、転職を考えるきっかけは、現状の仕事や職場、人間関係への不満と考えられる。もちろん給料を高くしたいというのも転職を考えるひとつの理由ではあろうが、職場や仕事に満足している状態では、なかなかそういう気持ちにはならないものだ。一方、中には、自分の中長期的なキャリアデザインを持っており、その一環として次の仕事に移っていくという人もいる。

私も毎日多くの転職希望者と話をするが、年に数人程度、「計画通り」に転職活動に入る場合がある。最近の例で言うと、邦銀に約10年間、そして直近は外資で会計系のM＆Aコンサルティングファームに勤めていた35歳の男性が、転職相談に来た。転職希望先ははっきり決まっており、外資投系資銀行のM＆A業務。もともと海外での留学や勤務経験がなく、邦銀でも伝統的な預貸業務経験しかなかったことから、いきなり外資系投資銀行は無理と考え、まずは「無難そうな」会計系の会社に入社していたのだった。仕事を通じて英語のブラッシュアップを図り、米国公認会計士（ＵＳＣＰＡ）も取得、当然M＆Aの基礎知識も身に着けて、満を持しての転職活動だったわけだが、きっちりと希望の投資銀行に入ることができた。ちなみにこの方のキャリアデザインでは、投資銀行で10年間仕事をした後、同じく外資系の事業会社でCEOに就くのが予定のコースだそうだ。

このような方は大変珍しく、多くの場合は仕事への不満が転職を考えるスタートだ。銀行員の場合も、恐らく転職を考える若手・中堅行員の心情にあるのは、自分の能力が十分に活かされていないという慢性的な不満だろう。「大組織の歯車に過ぎず、達成感を持てない」「年功システムの中で、将来の月並みなコースが見えてしまう」という大企業の社員に共通の不満が、もともと高いポテンシャルがあるがゆえに、返って増幅され蓄積してしまう。

優秀な人材を必要以上に大量に採用している銀行における、オーバーキャパシティの必然的な結果だ。

かたや、外資に転職した親しい仲間が法外な年収を取っていたり、ベンチャーに移った後輩がIPOの恩恵に浴してお金も地位も得たりという姿を見たりすると、年功の世界の価値観をフルに満喫している上司の天下泰平なセリフを聞いて、ある日突然、臨界点を越え、一気に転職モードに突入するわけだ。

それでも転職は不安だ。どうしようか、悩み続ける。結局、よくよく考えるしかないのだが、その際に重要なのは、あらためて「自分の不満は何なのか」をよく整理してみることだろう。

「上司への不満」というのが転職理由として問題外であるのはすでに述べたが、「何となく不満なので何となく転職してみた」という不定愁訴型の転職も概ね失敗につながる。不満の内容を沈思黙考してみれば、その反対側に、「では、どうすればいいのか」「何をしたいのか」ということが必ずや見えてくる。つまり、転職の動機と目的がハッキリするはずである。やりがいを求めているのか、お金がほしいのか、ステータスを得たいのか、ぜひ、腹を据えて考えてみてほしい。

それでもなお、決め兼ねるかもしれない。特に、初めて転職を考える時は未体験ゾーンでもあり、頭の中をいろいろなシミュレーションがグルグル回る。そこで知ってほしいのが、「転職は一度すると止まらない」という経験則的な事実である。

学生時代には社会人なるものがわからず、なってみて初めてそれまでの想いと現実の差を理解する。転職においても、実際に会社を変わってみて初めて、今まで見えなかったこと、知らなかったことがわかってくる。市場における自分の実力や、知らない人々の間で仕事をしていく知恵、そして、その中で自分のキャリアをどのように伸ばしていったらいいかというイメージがより具体性を持ってできてくるのだ。

もともと銀行員は、2〜3年のローテーションでの異動、つまり職場環境の変化には慣れている。逆に言うと、ある部署に異動して1年半くらい経つとソワソワし出す。そして新しい仕事への着手はやめて、次の異動への待機態勢に入っていく。

転職を一度経験して抵抗感が薄れると、これと同じ感覚で、その後は弾みが付いてしまうようだ。ポテンシャルが高く適応力が優れていることもあり、新しい会社に入って2〜3年経つと、銀行員時代に培われた体内時計が働き始める。「そろそろかな」という想いとともに、あたかも社内異動のように会社を変わっていくケースが少なくないのは事実だ。もちろん安易な会社選びは慎むべきだが、「最初は気楽に」「2回目以降は慎重に」というのが、多くの銀行員の転職を見てきた私の率直な感想だ。

人事評価は異動先からすぐわかる

さて、転職の際に考えるべき3要素の冒頭に、「地の利」、すなわち、銀行内における自分の評価や位置付けを客観的に認識したうえで、転職するか否かを決めるべきだと申し上げた。あらためてまったくその通りであり、誰しも自分の客観的な立ち位置を知りたいと思っているだろう。

多くの銀行は職能資格制度（または運用上それとほとんど同様の性格のもの）を採っており、毎年の小刻みな昇号や3～4年に一度ある資格昇格により、少なくとも本人は自身が「出世コース」を昇っているのかそうでないのかは認識できる。しかしながら、最も重要である同期との間における相対的位置付けについては、明示的な情報の開示はなく、漠として知りようもない。また、人事部もそれが見た目にはわからないように腐心する。銀行は、もともと上下がわからないポストが多い。調査役、審査役、審議役、参事役などのタイトルは、外の人から見て偉いのかそうでないのか、皆目見当も付かないに違いない。いずれにせよ、本人たちにとって本来知りたい客観的な位置付けについては、別途情報を収集し推測するしか方法はない。では、どうすればいいのか。

最近は評価のフィードバックということで、銀行の人事部も、直接または上司を通じて、ある程度は本人に伝えるようになってきている。私も銀行の人事部に在籍していた時代にそのような機会を随分と経験した。しかしながら、本人に面と向って「あなたは口でいろいろ言うだけで実現力がないから、周りも相手にしないし、どの部店でもずっと評価が低く、同期では下から2割程度のところですよ。したがって来春の資格昇格は無理ですね」とはさすがに言えない。

そこで、「あなたの企画構想力は認めますが、周りの協力を得ながら、もう少し実現の確度を高めていくことが必要です。これまでの部店ではどこもそのような認識です。同期ではトップというわけではありませんので、来春の資格昇格に向けて一層がんばってください」といった感じになる。これでは何を言っているのかわからないが、ハッキリわかってしまうと身もふたもなくなることは世の中にあるものだ。

そこで、自分の評価を知るわかりやすい方法は、人事異動に際しての異動先をよく分析することになる。銀行にいれば、エリートが進む枢要なポストというのはすぐにわかるものだが、そうでない普通のポストでもそこに就くタイミングで評価の違いがわかる。人事異動は常に選抜過程の結果なのだ。

ここからは、銀行における評価判断の目処、すなわち選抜の大きな流れを年代ごとに示してみよう。

①入行時

配属部店については、出身地などを勘案して機械的に振り分けるので、それほど気にすることはないが、有名大学卒や各大学で評価の高かった期待される層については、同じ支店でも役員支店長のいる大型店や、歴史の古い名門店に送り込まれることが多い。

当社にもこのような支店出身の方が来られるが、「名門店のご出身ですね」と言うと、一様にうれしそうな顔をするので認識はしているのだろう。ただし、だからといってその後、順調に出世できるわけではなく、むしろ変なエリート意識を持ってしまうことで、慢心により伸び悩むケースも多い。

②30歳前後

入行後2～3店を経験した次の移動先は、最初の選抜結果であり、かなり重要な意味を持つ。基礎実務を学ぶ期間とはいえ、当初の2～3店では営業業務を中心とした仕事になることから、成果が数字にハッキリ表れる。この間に成果を挙げた成績優良者は、本部スタッフやビッグアカウント（銀行の代表的な法人取引先）の担当として異動発令される。第一次選抜を無事通過したのだ。行内留学生制度の合格者ももちろんＯＫだ。

それ以外の異動の場合については、トップ層としての選抜はされなかったわけだが、言わばマジョリティではある。ただし引き続き、住宅地の小規模店舗や、軽易な作業が中心の事務セクションの場合は、もしかすると黄信号が点っているかもしれないので要注意だ。

いずれにせよ、この時期の異動はその後のキャリアを決めことになるので大変重要だ。その意味で自身のバリューアップを図るチャンスだ。海外留学に選抜されれば、言わば生涯所得として数億円の価値が生じるだろう。本部スタッフということになれば、将来経営の中枢に就く可能性も出てきたことになる。

③40歳前後

ラインの課長または課長相当職になり始める年代（銀行では一般的に課長相当職を次長と呼ぶが）である。どのようなセクションでも、同期で最初に当該職に就いた場合は、まずトップ層に入っていることに間違いはない。銀行も「営業重視」の観点から、このような営業ラインのポストに優秀者を就けて行内へのメッセージを送る。

また、課長でなくても、枢要な本部のスタッフ、例えば、人事、企画、秘書、営業推進などのポストの場合は同じくトップ層として認識されている場合が多い。課長職については、最終的にはまず全員がなれるが、そのタイミングが同期の中でも後半にずれた場合には、やはり評価は低いと考えるべきだろう。

④45歳前後

最もいろいろとバラツキ始める年代である。ライン業務では早々と支店長や部長が出始める。もちろん、同期の中で早いタイミングでなったほうがいいには決まっているが、このクラスは人繰りや地域性、さらには金融情勢などによって、偶然性が占める部分もかなりある。したがって、一番早く支店長になったからといって、必ずしも同期トップというわけではない。

もちろん、評価が低い層は最後まで部長や支店長になれないが、それ以外の層については、むしろ銀行のブレインとなる企画、人事、秘書、業務本部などのスタッフのほうが評価が高いケースが多い。○○役といった銀行業界特有の肩書きで仕事をするわけだが、頭取はじめ経営陣と接触する機会も多く、覚えよろしく、むしろその後、出世する可能性が高いと言える。

一方、この頃から、トップ層でも最下層でもない中間層が、関係会社や取引先に出向や転籍の形で放出され始める。

時折、人事系の雑誌や新聞紙上で、労務問題の事例として「出向は拒否できるか」というQ&Aを見かけることがある。答えは「一定の条件を満たしていれば拒否できない。その条件とは、①就業規則などで出向が定められている。②労働条件の著しい不利益な変更がない。③……、④……。ただし、転籍は別の会社との新たな雇用関係となることから本人の同意が必要」といった内容が定番だ。しかし出向は言うに及ばず、転籍の場合においても、銀行員には（人道上の理由を除けば）事実上拒否権はない。拒否したからといってクビにはならないが、その後はずっと銀行内の閑職で日々を過ごすことになる。

「そこそこの給料がもらえるのだから、それはそれで幸せでは？」と思う向きもあるかもしれないが、事実上ほとんど（拒否の例は）ない。銀行員のバランス感覚とプライドがそれを許さないのだろう。

⑤50歳前後

この時期には部店長以外の層は、概ね外に出てしまっており、残ったトップ層の間での最終選考がなされる。看板取引先を擁する大部店の部店長や経営スタッフ部門の本部長になることができれば、役員への道が開けることになる。

一方、そうでなかった層は、当然ながら、もはや銀行に残ることなく、外に去って行く。

銀行人事にリカバリーはない!

こうして、節目節目の人事異動をよくよく眺めてみれば、自分が銀行からどの程度評価されているのか、同期の中でどのような位置付けなのかがおおよそ見えてくる。

恐らく、これまでも何となく感じていたに違いない、「もしかしたら自分は同期の中で遅れ始めているのではないか」という疑念が、実は事実だったということになるかもしれない。本来、部下の評価をきちんと本人に伝えるべき役割の上司にしても、部下に正面から評価を聞かれれば、「大丈夫、心配無用。オレはきちんと評価しているし、人事にも言ってある。信じてくれよ」というのが一般的な答えである。その際の上司の心の中はこうだ。「今ここで意気消沈されては仕事に差し支える。どうせ自分か彼かのいずれかが早晩異動でいなくなるだろうが、少なくともそれまではがんばってもらわねば。ここは持ち上げておくに限る」。やはり自分のことは自分で知るしかないようだ。

さて、あらためていろいろ考えてみたら、実は自分が同期トップ層どころか、どうもその他多数のゾーンに属しているという「客観的」事実に逢着するかもしれない。これまでも、同期で飲みに行き、給料の話題になった際に、「もしかしたら自分は遅れているでは」と感じつつ、あえて知ろうとはしなかったことが、真実として目の前に姿を現す。

一体どうしようか。上司に相談すれば100%、「これからがんばって取り返せばいいじゃないか。これまではたまたま運が悪かっただけさ。君は能力があるし、努力すれば絶対に大丈夫。まだまだ先は長い」という反応だろう。しかし、実のところほとんどのケースでそうではない。

銀行でいったん出世街道から遅れてしまった場合、復活するのは極めて難しい。ウサギに抜かれたカメがゴール前で逆転するストーリーは、銀行には当てはまらない。確かにどこの銀行でも、前の資格昇格で同期に遅れた人を、次の資格昇格で例外的に復活昇格させる「リカバリー政策」を実直に実施している。しかし、私が銀行の人事部時代に見てきた限りでは、「リカバリー組」はもともと実力的に微妙な水準にあり、リカバリー後の本人の慢心や周りの醒めた目もあり、結局、花開かないまま沈んでいってしまうケースが多かった。

もともと銀行の人事政策の主眼は、質・量ともに豊富な人材をふるい落として「選抜」することなのだ。しかも、選抜は人事ローテーション下において、様々な職場や仕事で実力を試されながら行なわれる。選抜の基準はしっかりしているわけだ。せっかく選抜したのに、一部とはいえ、それをなかったことにするのは、ある意味人事の自己否定のようなものだ。わざわざ復活させなくても、人材はまだまだ豊富なのだ。

日本では企業についても、一度破綻すると更生法などの法的措置で復活しても往年の姿に戻ることなく、何年かすると再度厳しい状況に追いやられるケースが多い。米国のエアラインのように、一度倒れても平然と「不死鳥」よろしく空を飛び回る感性とはかなり異なった社会カルチャーだ。それと人事のリカバリーを結び付けるのはさすがに乱暴だが、「復活」概念を持たず「盛者必衰」の潔さを旨とする宗教観・人生観なればこそという気もする。

いずれにせよ、「銀行人事にリカバリーはない！」という事実は肝に銘じておくべきである。もちろん、資格昇格や人事異動で同期に遅れていることがわかったらすぐに転職したほうがいいと言っているわけではない。がんばれば、少なくとも一部の層はリカバリーを認められるであろうし、また、そもそも銀行はトップ層だけで回っているわけではなく、いろいろな人の存在によって支えられている。持ち場や役割に応じた仕事のやりがいはあるに違いない。

大切なことは、事実は事実として目をそらすことなく認識のうえ、今後の自分自身のキャリアや人生の道筋を判断する材料のひとつにするということだ。自分をあたかも他人の如くにクールに眺めることが、時には必要だ。

転職の最終ゴールを考える

ゴルフの一言アドバイスや格言は、それこそゴルファーの数だけありそうだが、有名なもののひとつで我々の参考になるのは、「フィニッシュの形をイメージしてスイングしろ」というものだ。これは転職を考えるに際しても当てはまる。要するに毎回思いつきで転職をするのではなく、初めて転職する時から、自分なりのキャリアプランを想定して仕事を選ぶべきということである。

当たり前と言われそうだが、私の見る限り、きちんと将来を見通して転職しているのは2〜3割で、大半は「衝動的」「感情的」と言われても仕方のないものである。上司へのあてつけの「辞めてやる」転職、不定愁訴の「何となく転職」が典型だ。前述したような「邦銀→会計系コンサル→外資系投資銀行」の転職ケースほど完全調和を期す必要はないが、目はしっかりと開けて、遠くも見ながら動くべきである。転職の世界では、「始めよければ終わりよし」ではなく「終わりよければすべてよし」と考えたほうがうまくいきそうだ。

では、転職の最終ゴールでのフィニッシュはどのように考えたらいいのか。人によっては何十年も先になる話を考える、というのは無理難題だろう。そこで、銀行員の一般的なフィニッシュをいくつかに類型化して示してみると、①起業型、②積み上げ型、③短期決戦型の3つに分けられる。ここからひとつずつ説明していこう。

①起業型

銀行員に最も少ないパターンだが、銀行や一般事業会社でまずは資金やノウハウの蓄積を図り、将来は起業・創業を目指すというものだ。当然ながら最もリスクは高いが、リターンも大きい。イメージとして「一発屋」的な人物像を思い浮かべがちだが、結構地味で「えっ、あの人が？」という印象の人が意外と多い。将来のために何年もかけて準備をすること自体が堅実性を物語っており、用意周到な行動が起業の確実性を高めるのだ。

私の知人で、バイアウトファンドを設立して現在社長として活躍している元銀行員がいる。彼は銀行時代「投資」と関連するキャリアはまったくなかったが、米国での投資ファンドの隆盛を見てビジネスの成長性を確信し、35歳の時に、まずは自身の企業審査経験をアピールして、日系大手の上場ベンチャーキャピタルに転職した。そこで約5年間、雑巾がけから始めて基礎実務に習熟し、倹約を重ねて資金の準備をするとともに、人脈を広げてスポンサーも何社か見つけ、会社設立にこぎつけた。懐妊期間の5年間が長いか短いかは人それぞれだが、彼のように目的を持っていれば、あっという間だったに違いない。

②積み上げ型

最もオーソドックスなタイプ。職種や専門能力に磨きをかけつつ、転職を重ねる中で、徐々にポストや報酬をアップさせ、できれば経営層に入っていくというものだ。努力して積み上げていくというプロセスが銀行員の資質に合っているのだろう、結構身近にも多くのケースが見られる。

銀行では、これまで何度も述べてきたように、人事ローテーションでまずは幅広い職種を経験させられる。細かくは後述するが、「貸し手の気持ちがわかる」財務担当として事業会社のＣＦＯを目指すのが銀行員の王道かもしれない。しかし、それ以外にも原体験となる仕事はいろいろある。システム、経理、広報・ＩＲ、コンプライアンス、リスク管理などだ。もちろん人事もあるが、少なくともこれまでは銀行人事はエリートの登竜門だった。したがって外部流出の例は少ないが、精緻な人事制度・システムを理解している人材として社会のニーズは高い。

現在、ある大手ネット証券のＣＯＯをしている40代後半の元メガバンク（当時は大手都市銀行）行員もその例だ。銀行に入って最初支店に配属された後、システム部門に異動、そこで約5年間にわたり、金融システムの仕事に従事した。銀行におけるシステムの仕事は裏方の存在だが、逆に金融の死命を決する事務フローがすべて帰着するところでもある。彼はその知識をベースに、まず外資系のコンサルティングファームに転職し、主に金融機関を顧客として、システムから事務管理に至る業務フローのアドバイザーとして活躍した。その後、有名な通信系企業のＣＩＯを経て、現在のネット系証券会社では、システムだけでなく、管理部門全体を管轄する社長の右腕として辣腕を振るっている。

③短期決戦型

体力と気力のあるうちに稼げるだけ稼いで、後は悠々自適な生活を目指すというもの。日本でも外資系投資銀行で見られ始めたパターンだ。

お金の亡者のように思われがちな米国人トップ事業家のインタビュー記事を見ると、

■転職のフィニッシュの３類型

パターン	概要	銀行員にとっての位置付け
起業型	銀行や会社で資金やノウハウの蓄積を図り、ニュービジネスや会社を起業・創業する。上場による創業者利益の獲得が典型的成功例	銀行員に最も少ないパターン。成功例も多くない。ただし、出身銀行との関係を維持してその資金を活用したり、綿密な計画と準備に基づけば、成功の可能性は十分ある
積み上げ型	現職での職種や専門能力に磨きをかけつつ、転職を重ねる中で、徐々にポストや報酬をアップさせ、経営層に入っていく	銀行員においては最もオーソドックスなタイプ。日々の仕事の延長線上にゴールを設定して積み上げていく。この場合、銀行員に一番向く職種はCFO
短期決戦型	体力と気力のあるうちに稼げるだけ稼いで、後は悠々自適な生活を目指す。銀行員の現実的な選択肢としては、外資系の投資銀行や投資ファンドが中心	目端の利いた人材を中心に、引き続き堅調に推移。銀行員時代に「英語（海外・留学）」「M&A」「証券」といったキャリアの人事異動に恵まれるかどうかで、大いに運命が分かれる

「あなたの夢は」と尋ねられた際に、少なからざる人が「半分寄付をし、残りの半分で牧場を買って家族とゆっくり暮らす」と答えているのを目にする。時折、経済誌のコラム欄などで噂話的に目にする彼らのグリーディーな立ち居振る舞いを見ていると、どこまで本心か疑いたくはなるが、それでも私自身、巨万の富を得た米国人の投資銀行出身者が広大な牧場を買い、そこで暮らしている例を複数知っている（寄付をしたかどうかまではわからないが）。

日本でも邦銀出身者が外資系投資銀行や投資ファンドに転職し、24時間365日に近い感覚で働いて、数年間で数億円から、場合によってはその上のケタまで稼ぐケースが結構ある。その場合、彼らがライフスタイルまで米国型を模倣して「牧場＋寄付」の価値観を共有しているかどうかについてはわからないが、少なくとも最終的にはハッピーリタイアメントを志向していることは事実だろう。

ただし、日本での銀行出身の億万長者の歴史がまだ短いことから、当事者自身においても何がハッピーか必ずしも考え至っているわけではなく、「悠々自適」というには遠い状況かもしれない。まずは住宅ローンを返済し、次にゴルフ場の会員権を購入し、家を都心に住み替え、別荘を買って……といった辺りまでは進むが、さてその次はどうするか。リタイアするにはまだ若いような気がするし、かと言って事業を始めるのもリスキーだから、クビになるまでは今の仕事を続けるか、というのが率直な現状だろう。

いずれにせよ、戦後連綿と続いている年功序列の日本企業社会に、まったく異なる職業倫理観と賃金体系をもたらしたことだけは確かである。社会発展の一因が多様性にあるとすれば、その一翼を担っていることは間違いない。

リスクとリターンを考察する

先ほどゴルフのフィニッシュに模して転職の方向感を示したが、それらは多分に個人の人生観にかかわってくる。「生き様」の世界であり、理屈だけでは整理できない面があるのは事実だ。その中で、明示的に意識していないとしても、仕事を選択する際のひとつの検討要素として、リスクとリターンの概念が何らかの心証を形成しているのも事実だろう。「家族があるからそんなリスクは取れないよ」「給料は安いけど、まずは定年まで問題ない」など、日常よくなされる会話も、実は発生するリストとそれに対するリターンのバランスを内包しているわけだ。仕事を選ぶ場合のリスク・リターンは何なのか、その観点から主要な業種・業態を見るとどうだろうか。あらためて考えてみたい。

まず転職先の会社で仕事をするうえでリスクと考えられる事象は何だろうか。大きく2つ、すなわち「クビになること」と「会社が潰れること」だろう。リーマンショック直後に比べればその数は大きく減ってはいるが、閑職への異動や部門の統廃合を受けての自主退職も含めれば、実際に、当社に相談に来られる方の2～3割はこのいずれかだ。特に40代以降の方については、半分近くは該当する。

もちろん、これ以外にも財務担当役員で入ったとたんに過去の粉飾が発覚し訴訟を受ける、引っ張ってくれた元上司がすぐに退職してしまい孤立無援で進退窮まるなど、ナマものの企業ゆえ、身につまされるような様々な話はあろう。しかし、転職時に最も考慮すべきリスクは「退職に至る可能性」だ。

一方、考慮すべきリターンはと言えば、まずは報酬だろう。月給、ボーナス、諸手当、退職金、年金などを含めた経済的処遇だ。また、これに劣らず重要なものとして、成長性や社会性（名誉）といった、定量化できない要素も忘れてはならない。これらを総合して、主観の中でリターンが判断される。

そして、この両者の比較考量の上に企業の選択がある。言うまでもなく、万人にとって絶対的に正しい選択があるわけではない。リスクとリターンの組み合わせのどこで折り合うかというのは、能力や資質は当然のこととして、年齢、家族構成、資産状況、健康状態など、個人個人の置かれた環境で異なる。例えば、身軽なバツイチの独身でリスク許容度が高い場合は、クビになる可能性は高くても高額な報酬や、逆に低報酬ながら社会性の高いやりがいのある仕事を選ぶといったことも可能だ。

ここで重要なのは、リスクとリターンのバランスを欠いた選択は、合理性がないということだ。ローリスク・ハイリターンの仕事は仮にあってもそんなにうまい話が永続することはないだろうし、逆にハイリスク・ローリターンの仕事は、言うまでもなくやめたほうがいい。

――外資は意外と怖くない！

ハイリスク・ハイリターンの代表銘柄と言えば、外資系企業、特に投資銀行を中心とする金融機関だろう。実際に、景気が傾くと最初にクビ切りを始めるのは彼らだ。リーマンショックの際も、最初にリストラに動いたのは投資銀行だった。

リストラは、まずは不動産や証券化関連などのフロントビジネスからスタートした。その後、不況の長期化を受けて、リストラの波はフロントからバックにまで及び、リスクマネジメントやポートフォリオ管理など「不要不急」のセクションに至った。東京のマーケットには、当時万単位の外資系金融機関の転職希望者がいると言われていた。

また、このような景気動向にかかわらず、部門のグローバル組織再編や上司の異動、そして何より本人のパフォーマンスに応じて、「臨機応変」にクビが言いわたされるのは事実だ。

当社にも外資系金融機関の出身者が相談に来るが、彼らの共通点は総じて、転職を急いでいないということだ。「ご希望の年収は？」との質問に対して「多くは望みません。住民税とかが払えればいいので2～3本で結構です」と言って帰って行く。ちなみに単位は百万ではない。余裕のある理由のひとつは、5年とか10年とかそれなりの期間を働いていれば、一生とは言わないまでも、当座は食うに困らないレベルの蓄えができている場合が多いことである。また、外資系金融機関では会社都合で退職となった場合、パッケージと称して勤続年数などに応じて、年収の1～2年分程度の割増退職金が出るのが一般的だ。そもそもベースの年収が高いことから、割増の部分だけでも邦銀の定年退職時の退職金程度の金額に達するケースもままある。

また、今後ずっと続くであろう転職人生を考えると、ここで下手に年収を下げておきたくないという気持ちが働くのも事実だ。外資の場合、お金がすべてだ。お金を稼ぐ人が立派な人であり、価値のある人だ。したがって、年収が下がるということは人物の価値が下がってしまうということに等しい。それは今後を考えると容認しがたい。それなら南の島にでも行って、ゆっくり待とうかということになる（本当に海外で数か月過ごすケースは結構ある）。

外資は確かにすぐにクビになる。が、経済的にすぐに困るというケースは稀である。概ね誰もがその日に備えて準備をしているからだ。このため余裕を持って次の仕事を探すことができ、結局環境の好転とともに従前と遜色のない仕事に就くケースが多い。求職期間

■外資系企業と日本企業の特徴（人事関連）

	外資系	日本企業
人材評価の軸	顕在能力（成果、数字）	潜在能力（人物、学歴）
人事制度のキーコンセプト	成果主義	年功概念（変わりつつはある）
人事権	ラインマネージャー（上司）	人事部（経営）
報酬	利益分配的発想（稼げば高い）	基本は年功の生活給 （変わりつつはある）
雇用の安定	不安定（すぐクビになる）	安定 （なかなかクビにはならない）
人事異動	あまりない	頻繁にある（銀行以外でも）
中途入社	ほぼ全員	大企業では少数派
転職率	高い（転職によりプロモート）	低い （転職者が例外的なイメージ）
会社とのアイデンティティ	低い	高い
物事の進め方	トップダウン	ボトムアップ
時間の軸	短い（すぐに成果が必要）	長い（継続性を重視）

中は、むしろ普段は取れない長期休暇を取って体を休めているようなものだ。

こうして見ると、「外資というのはあながちリスクが高いというわけでもないのだな」という気になってくる。なるほど、今いる会社をクビになるという意味でのリスクは相当なものだが、その後も余裕を持って生活ができ、結局、他の企業で同様の仕事が続けられるのだ、しかも高給で。ハイリターンには変わりがないとすれば、ハイリスク・ハイリターンならぬミドルリスク・ハイリターンと考えられるかもしれない。

結局、外資系の世界は、もともと市場の流動性が高くオープンなため、比較的仕事を見つけやすいという特性がある。

それゆえ、一度この世界に入ってしまえば、会社こそ変われ、仕事を続けること自体はそれほど難しくはない。外資系は入ってみれば思ったより怖くないのだ。

日本企業から外に出ると風は冷たい

リスク・リターンに関する意外性という意味で対照的なのが日系の企業だ。ここでは一般の事業会社、特に大手企業を想定して考えてみよう。

日系企業の特色は、何と言っても終身雇用と年功序列だ。「成果主義」「実力主義」「脱年功」「終身雇用からの決別」など、書店に並ぶ本から経営者の挨拶に至るまで、聞き飽き、そして見飽きた言葉だろう。最近はむしろ、それらの次のステップとして「反成果主義」「今こそ社員を大切に」というトーンが強調されることも多い。しかしながら、私の認識では日本の企業、特に大企業におけるコアのコンセプトはまったく変わっていない。わざわざ「反成果主義」を説くまでもなく、成果主義などそもそも根付いていないのだ。儒教における「長幼の序」とまでは言わないものの、年功概念、そしてその帰結としての終身雇用こそ、日本の近代経営において今も脈々と生き続ける最大の規範だ。

このため、日系の事業会社において、人材は数十年にわたり、同じメンバー、同じ価値観、同じ空気の中で生きる。言葉などいらない暗黙知の世界だ。当然ながら、彼らは独特の成長、特異な進化を遂げる。彼らは「就職」するのではなく「就社」するのだ。

この組織の中で生き続ける限りは、大変心地よいに違いない。多少のイザコザがあっても、同じ価値観の中に時間とともに吸収されていく。しかしながら、いったんリストラされて外に出ると、話は変わってくる。彼の技能は永年勤めた会社でのみ通用するものだったのだ。

こうして見ると、終身雇用・年功序列の企業カルチャーは、最もリスクが低いようでいて、ドップリつかってしまうと、実は時とともにリスクが溜まっていくものなのかもしれない。何もなければ天下泰平で無事オーライだが、一朝コトあらば、一気にリスクが顕在化する性質のものなのだ。

銀行員の立場から見れば、銀行は、いったん入ってしまえば、リスクをヘッジしつつ仕事ができる優れた職場環境だ。なぜならば、銀行員はローテーション人事のもと、多くの職場経験を経て培われた汎用性の高い能力がある。財務・経理知識、企業分析力、産業知識、組織運営力、そして何よりも、即座に自分の立ち位置を見出すバランス感覚である。

■転職におけるリスク・リターンの考え方

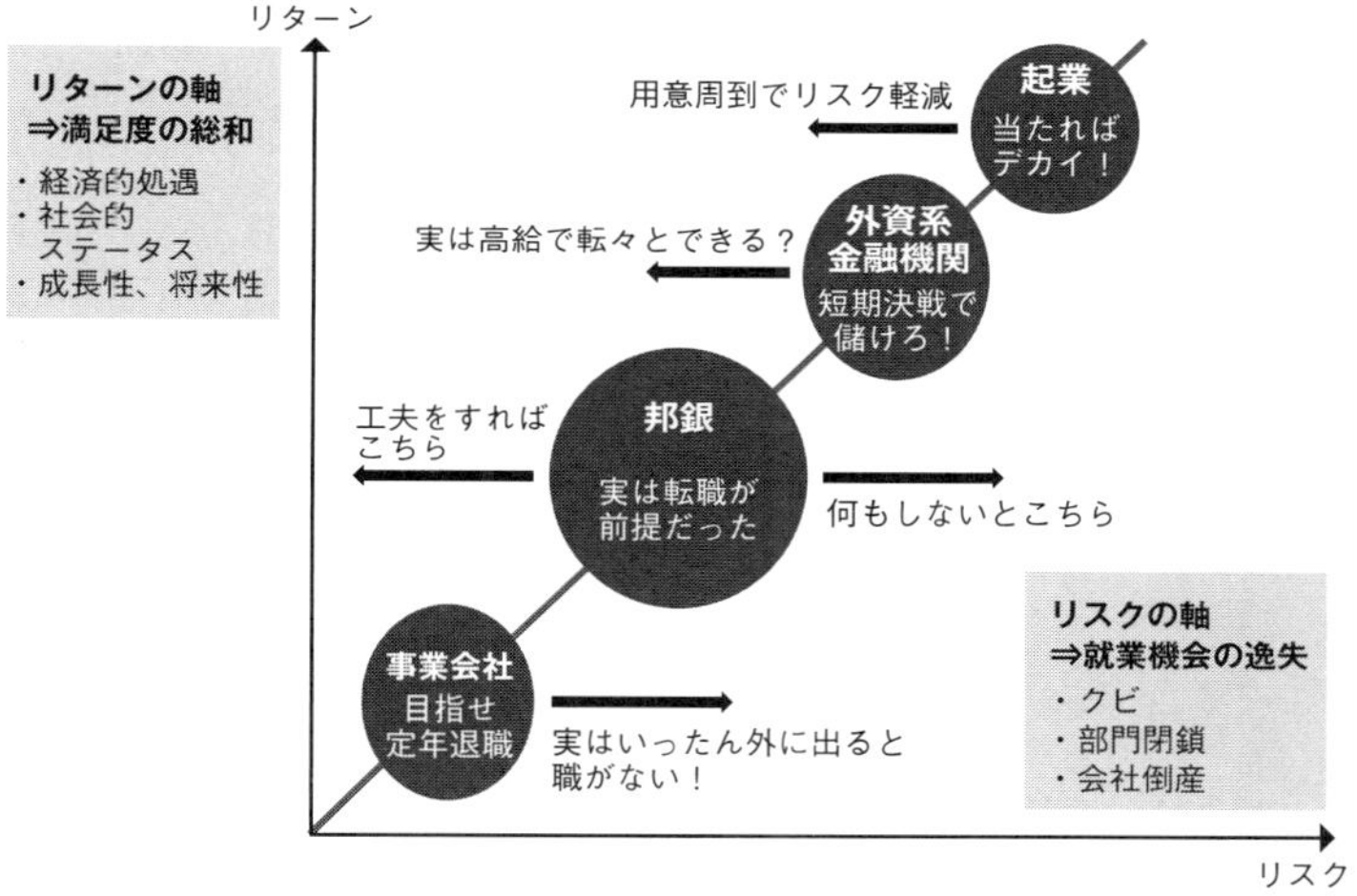

したがって、事業会社の生え抜き社員のように、時間の経過とともに特殊性が増してくる。言い換えれば、社会適応力が薄れてくるというリスクが少ない。かなりの守備範囲を持って転職していけるわけだ。

この中で転職に際しての最大の課題は、年齢だろう。年齢に比例して、銀行員の持つ最大の強みであるこの環境適応力が落ちてくるからである。事業会社の特殊化した固有のカルチャーに溶け込むには、柔軟性のあるうちに入り込むことが肝要だ(50歳前後のフタコブラクダ世代がなかなか転職に苦労しているのは、まさにこのためだ)。

また、事業会社への転職に際して、年齢と並んで大きな課題となるのは年収のギャップだ。メガバンクをはじめ大手行では、30代前半で年収が1000万円を超えてくると前の章で述べたが、この水準は、事業会社では上場企業の部長級だ。それなりの企業であっても、同年代の年収は500万〜700万円くらいだ。求人ニーズの最も高い30代は、年収ギャップが最も大きい年代でもあるのだ。40代になると事業会社も実績に応じて年収カーブが上がってくるので銀行員との格差は縮小するが、決してギャップが埋まることはない。思案のしどころだ。

10年後、15年後の転職は必至の中、目先の経済的処遇を取るか、長い目での仕事の安定や出世の可能性を選ぶのか。置かれた状況で個人差はあるだろうが、判断に際しての大きなポイントは、仕事のやりがいと、会社からの期待値の大きさであることは間違いない。

銀行員に向く仕事とは？

これまでは、転職に際して考えるべき要素や決断のタイミング、そして、その前提となる銀行での評価について述べた。また、リスク・リターンの観点からの業種・業態の整理も行なった。いずれも職種や業種という働く場の側についての検討だった。ここでは視点を変えて、銀行員の個人としての資質に着目して、銀行員と仕事の関係または相性について考えてみよう。

銀行員の資質には当然個人差はあるが、多業種と比べればそのバラツキの幅はずっと狭い。要するに、似通ったキャラクターの集まりということだ。キャラクターの内容は後述するが、どうして似通ったかと言えば「偏差値社会の落とし子」だからだろう。

採用マーケットにおいては、東大・一橋大・早慶大といった有名大学を中心に、各大学よりトップクラスの人材が銀行に集まってくることはすでに述べた（メガバンク体制になってから、本当に優秀な層は、外資の投資銀行・戦略系コンサルティングファーム、日系では大手総合商社や財閥系不動産にシフトしているという指摘はある）。

彼らの共通点を一言でまとめれば「小さい時から成績のいい優等生」ということだ。いわゆる小学校や中学校の「お受験」からスタートし、有名大学、そして有名企業へという道筋だ。そこでのキーワードは「偏差値」、言い換えれば難易度だ。その学校の校風にひかれたとか、その会社の社風が自分に合っているということで志望するのではない。自分の偏差値や能力からして、入るのがより難しいと思われる先、または皆がそう思う先にがんばって入ろうとするのだ。入るのが難しい先がいい先で、逆も真なりだ。銀行に入ることは、そのひとつのシンボルに過ぎないのかもしれない。

このような過程を経て人格形成をしてきた銀行員であるが、共通の特徴・行動特性をまとめると、最初に挙げられるのが「コツコツと真面目にがんばる」ということだ。年を経るごとに異なる行動パターンが表面に露出してはくるものの、誰しもの体の奥底にあるのはこれだろう。要は、努力するのが好きなのだ。世の中の多くの人が持つ「真面目だが融通の利かない銀行員」というイメージは実は本質を突いている。

もうひとつの共通な行動特性は、「周りをすごく気にする」ということだ。ポジティブに表現すれば、環境の変化を敏感に感じ取り、機敏に対応するということかもしれないが、要は自分だけ違うのはイヤだという日本人一般の気質がピュアな形で表れているのだろう。例えば、銀行社会で最もバカにされるのはどんな人物かというと、能力がない人でも仕事ができない人でもない。「空気が読めない人」、いわゆる「ＫＹ」だ。周りの雰囲気に気付かない、相手の気持ちがわからないということに対して厳しい蔑視の目が向けられる。これこそは「周りをすごく気にする」という感性の裏返しの現象に違いない。

では、このような気質の銀行員に向くのはどのような仕事だろう。もちろん外資を含めた金融機関はまさに同業であり、向く向かない以前の話であることから、ここでは除外する。結論を言えば、「理屈をこねる仕事」か「お金にかかわる仕事」だろう。組織に即して言えば、企画・管理セクションか財務・経理セクションだ。
その中でも究極のハマリ役はＣＦＯだ。決して悪いことはしない信用力、１円でも違うと気分が晴れない計数感覚、言われたことはそつなくこなす組織順応性、まさに理想の金庫番である。

ところで、同じ金融業界ながら人材のキャラクターが似て非なるものが証券マンだ。業務こそ銀行と証券はかなり重なる部分が出てきているが、こと人材に関してはまだまだまったく別の世界のようだ。そのため、証券マンのキャラクターとの対比で見ると、銀行員の特徴や向く仕事・向かない仕事がイメージできる。

証券マンと銀行員の主要な行動特性を比べてみよう（次ページ図）。この比較からわかるのは、要するに「周りを気にせず自分のやり方で攻めまくる」のが証券マンということだ。ややもすると独善的で傲慢な印象を与えるが、その独創性と突破力はなかなかのものだ。その端的な例が、世間における証券会社出身の社長の数の多さだろう。銀行員も取引関係を背景に社長として送り込まれることは多いが、個人としての力量を期待されて招聘《しょうへい》されるケースは証券会社出身者よりかなり少ない。

■証券マンと銀行員の特徴

証券マン		銀行員
リーダーシップ	VS	バランス感覚
リスクテイカー	VS	リスクアバーター
個人プレー	VS	チームプレー
アクション	VS	ロジック

一方、これを銀行員の立場から整理してみれば、フロントよりスタッフ、ナンバー1よりナンバー2、CEOよりCOO、攻めより守りの仕事、というのが証券マンとの比較におけるその適性だろう。また、ビジネスとしては、フロー商売よりストック商売、ベンチャー企業より伝統産業、中堅・中小企業より大企業が、同じく証券マンと比べた際の比較優位ということになる。

最近、複数の大手証券トップの方から、証券マンの銀行員化についての嘆き節を聞いたことがあるが、両者の本質的な違いはまったく変わっていない。「似て非なるもの」なのだ。

第3章

スキルとキャリアの磨き方

スキルとキャリアは似て非なるもの

転職を語る際に必ず出てくるのが「スキルを向上させ、キャリアを磨こう」という表現だ。私自身もそうだが、このように、「スキル」と「キャリア」は対の言葉として一緒に使うことが多い。しかし、少し考えればわかることだが、「スキル」が技能であるのに対して「キャリア」は言わば職歴だ。したがって、「スキルやキャリアを向上・練磨させる」といっても、自ずとその内容は異なるものになる。

技能であるスキルは、業務や自己研鑽を通じて獲得される。自身の努力によって、蓄積的に向上が図れる性格のものだ。これに対して、キャリアは特定の能力を示すのではなく、自身のたどってきた仕事の道程全体を意味する言葉だ。もちろん自身の努力によってキャリアは作られるわけだが、スキルのように、努力の結果による能力の変化を捉えて一義的に「向上」云々と表現できる類のものではない。「キャリアアップ」という言葉がよく使われるが、正確には「キャリアという態様の変化」ということなのだ。

「スキルでもキャリアでも言葉の定義などどうでもいい」と言われそうだ。しかし、銀行員が転職を考える際には、自分の何がセールスポントなのか、それをさらに強くするにはどうしたらいいのかということを、スキルとキャリアに分けて考えたほうが理解しやすいだろう。

一般の事業会社においては、銀行員のようにローテーション異動で社内のいろいろな職種を回ることはごく稀だ。基本的には今の仕事（職種）を過去もやってきたし、将来もやる、そしてさらに、仮に転職をしたとしても恐らく同じ仕事をするはずだ。

例えば、経理畑の人は、工場でも本社でも海外現地法人でも、経理の仕事をするのが一般的だ。転職して業種は変わるかもしれないが、仕事の種類は同じだろう。スキルの観点から言えば、日々の仕事を深化させることが、意識せずともその向上につながり、それが結局、転職を通じてキャリアを磨くことに結び付いていく。言わばスキルとキャリアが連続しているわけだ。

一方、銀行員の場合は、人事部が人事ローテーション政策のもと、次から次へと職場と仕事の内容を変えていくというのは、すでに述べた通りだ。スキルの向上という観点からは、間違いなく非効率的なシステムだ。別の見方をすると、日々の仕事の延長線上に必ずしも次の仕事、さらには転職があるわけではない。スキルとキャリアが連続していないということだ。

それでは、銀行員のキャリアはどのように作られるのだろうか。結論としては、「神の手」たる人事部が、全知全能を傾けて、一方的に作り上げることになる（前述したように、最近は業績評価や賞与の配分など人事権の一部を現場に委譲する傾向にあるが、少なくとも人事異動に関する人事部の権限は揺らいでいない）。

「それでは本人の納得感が得られない。キャリアとは言えない」という反論が当然ある。これに対して多くの銀行は、自ら手を挙げて仕事を選べる職務（キャリア）公募制を制度として導入している。しかし、単純な算数の問題としてわかるが、数万人規模の社員を2〜3年おきに本人の希望を反映させて異動させるなどということは、「神の手」であってもできるはずはない。実際はほとんど機能していない。

また、従来型の職制に対して、専門性の強化という観点から、プロフェッショナル職を加えた複線型の人事制度を導入し、入社時点からも選べるような仕組みも整えられている。しかし「頭取になるには従来型」というのは周知の事柄であり、銀行員のマジョリティは、引き続き人事ローテーションのもと、ゼネラリスト型の人事異動を甘受しているのが実情だ。要するに、銀行員が銀行の中でキャリアを主体的に形作っていくことは簡単ではないということだ。

■キャリアの変化とスキルの向上（銀行と事業会社の比較）

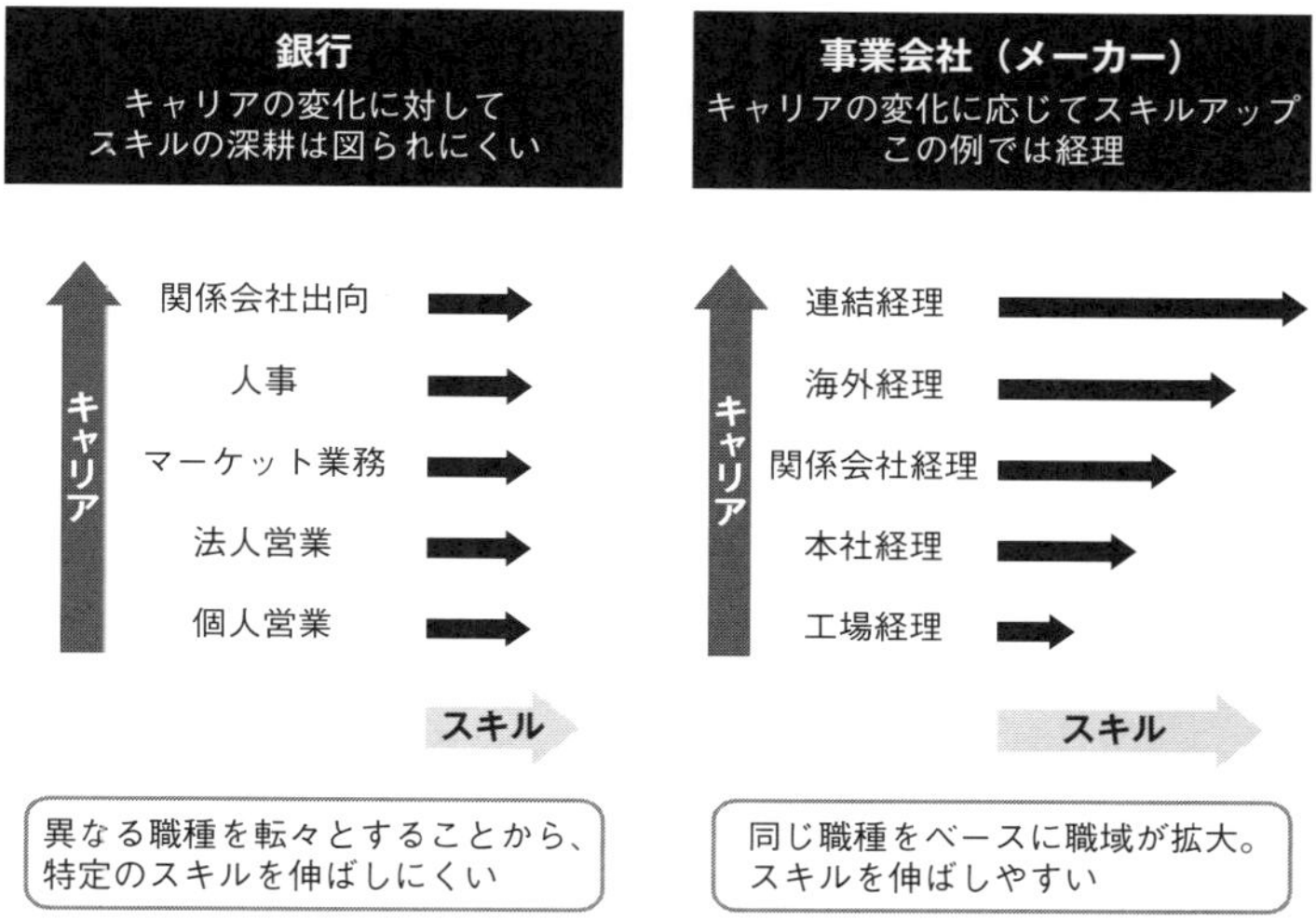

したがって、銀行員がスキルの向上とキャリアの練磨を図るためには、相当意識的に努力をしていくことが必要だ。まず、スキルについては、日々の仕事に加え、自ら目標を定めたうえ、世間が金融マンに対して求める汎用性の高いものを培っていくことが肝要だ。また、キャリアについては、人事ローテーションにより経験される幅広い職種の中で、自身にとって比較優位な仕事を、外の世界でキャリアとして発展させていくという選択肢も考えるべきだろう。

ここからは、金融マンにとって汎用性のあるスキルとして「①金融ノウハウ」「②会計知識」「③語学力」「④営業力」

を、また、外での発展が可能なキャリアとして「①人事」「②コーポレートガバナンス」「③総務」「④ＩＴ」について、それぞれ述べてみたい。

汎用性のあるスキル①　金融ノウハウ

①金融ノウハウとは資金調達スキルのこと

一番目は当たり前だが金融ノウハウだ。

まず認識すべきは、金融機関であろうと事業会社であろうと、そして日系、外資系を問わず、採用する側から見れば、銀行員に最も期待される知識・スキルは「金融に関するもの」だ。では、世の中で必要とされる金融知識はどのようなものか考えてみよう。

結論を言えば、「いかに資金を安定的かつ低コストで調達するか」ということに尽きる。

資金調達と聞くと、そもそも金あまりの時代に期待される役割があるのかと多くの人が思うに違いない。しかしながら、資金の調達は銀行からの借り入れだけでなく、資本市場を通じてや投資家から集めたりと様々な形態がある。また、社内にプールされたお金も広義の資金調達と言える。

世の中の企業というのは押しなべて、何らかの形で資金を調達し、それを運用して商売をしているのだ。資金調達というと事業会社に限定される感じがするが、決してそんなわけではない。外資系投資銀行にしても、プリンシパル投資の名のもとに自らのバランスシートを使って商売をしている。数多くの投資ファンドについても、基本は投資家のリスクマネーを集めて投資にあてているわけだが、自身のみならず投資先企業の資金調達においても、その巧拙が死命を決するのだ。

こう考えると銀行員にとって、資金部門の総帥であるCFOは、目指すべき本丸の仕事かもしれない。いきなりCFOまで飛ばずにステップを踏むとして、では、資金調達セクションである財務部門で実力を発揮するにはどうすればいいのだろうか。

ここでは、資金調達の代表選手である銀行の借り入れを例にとって考えてみたい。ポイントは「貸し手の気持ちのわかる借り手は強い」ということだ。金融に限らず交渉事において、相手の手のうちがわかるということは最大の強みである。その点において「貸し手」であった元銀行員は、借り手に回った際には手強い借り手になる条件を満たしている。

では、「相手の手のうち」とは何だろう。まとめると2つある。

ひとつは時々刻々の金融情勢の中で「借り時」を見極めることだ。銀行は「晴れている時は傘を貸し、雨が降ると傘を取り上げる」と言われる。「どうか借りてください」と言っていた同じ口から、翌日には「申しわけありませんが、昨日お貸ししたお金を返してください」という言葉が出る。企業から見れば、いつ借りていつ返せばいいのか、皆目検討がつかない。資金効率も何もない状態だ。この点において元銀行員は大いに貢献できそうだ。景気動向、金融環境、銀行のスタンス、いろいろなファクターを総合的に考慮し、資金調達のベストタイミングで動けるのは、相手の手のうちがわかる者だけだろう。

2つ目は、銀行がほしがる材料をそろえてあげることだ。業績が順風の場合は気を遣う必要はない。資料の類が万全でなくても銀行は黙ってお金を貸す。問題は、業績が微妙になってきてからだ。ここでこそ、元銀行員の力量が発揮される。そんなに難しいことではない。自分が貸し手だったら、上司を説得し、本部を通すには何が必要かということを考えればいいのだ。ボトムラインを率直に認め、アップサイドのシナリオを示すことかもしれない。

もっと単純で、赤字になった要因を冷静に分析して説明することかもしれない。これらの対応は、あえてスキルとして涵養することではなく、日々の業務の中で培われる「基礎能力」と言える。

②まずは金融商品の知識と金融情勢の分析力を磨く

では、世の中で期待されるスキル・金融知識が何なのかはわかったとして、それをどう磨いていけばいいのだろうか。日常の業務を通じて体得される知識こそ、最も説得力があり、プロフェッショナリティを感じさせるものだ。したがって、「日々の仕事に精励する」というのがまずは一番大切だ。

しかしながら、銀行員がいかに優秀で、またローテーション人事で多くの職を経験していても、当然未知の分野はある（年寄りくさい言い方だが、「最近の若い銀行員」は知識・教養レベルが落ちている気がするが、世の中全体の落ち方の中ではがんばっているほうなのだろう）。

一方、困ったことに、銀行の外にいる人から見れば、銀行員というのは金融のことは何でも知っているプロなのだ。プロは森羅万象何でも知っていてわからないことはない（はずだ）という美しい誤解と思い込みがある。ここは、がんばって普段から幅広い金融知識を身に着けておくしかない。最低限、習得すべきことは、銀行員としての「金融の常識（と世間的には思われていること）」だ。それは金融商品と金融情勢に関する知識と見識だろう。

■資金調達に関連した金融用語の一例

用語	内容
外債	• 発行者の自国外で募集される債券の総称で、日本で外国政府・企業が円建て発行するものと、日本の政府・企業が海外市場で外貨建て発行するものがある • 本邦企業においても資金調達手段多様化の一環として発行は増大傾向にあり、普通社債や新株予約権付社債を発行している
CP（コマーシャルペーパー）	• 優良企業が短期運転資金の調達を目的として、公開市場で振り出す無担保の約束手形 • 取り扱いは、金融機関、証券会社が行ない、販売先は機関投資家に限定される • 日本銀行が現先オペにより、金融調節手段の対象商品として活用している
ファクタリング	• 手形割引と同様の経済効果を持つ資金調達手段 • 一括ファクタリングの場合は、ファクタリング会社が債務者・債権者双方と契約のうえ、債権者の有する売掛債権を買い取って、その債権回収を行なう • 迅速かつ効率的な資金調達が可能。手形紛失リスク軽減、印紙代などの手形発行コスト削減のメリットもある
協調融資（シンジケートローン）	• 複数の金融機関が共同して融資団を組成し、同一の貸出条件で融資を行なう契約形態のこと • 通常、メイン銀行が交渉取りまとめ役のアレンジャーと元利金支払い事務代行のエージェントに就く • 借入人にとっては資金調達手段の多様化やIR効果がメリットとしてある
証券化	• 会社が保有する様々な資産を切り取って、売買可能な証券の形にして市場で流通させること • 会社から見れば資金調達手段のひとつだが、1990年代以降は銀行などが規制への対応策として活用 • 住宅ローンを集めて証券としてパッケージにしたMBS（Mortgage Backed Security）が代表的商品
LBO（レバレッジド・バイアウト）	• 企業買収においてよく用いられる金融手法 • 買収対象企業の資産やキャッシュフローを担保にして、銀行借入や債券発行などで資金調達を行なう手法 • 調達した負債は、買収企業の資産売却や事業収益で返済する
MBO（マネジメント・バイアウト）	• LBOと同じくM&Aの手法のひとつ • 経営陣が自社株式をオーナーから買い取り、経営権を取得すること • 事業部門を切り離して独立する場合もある • 取得資金はLBOのスキームで調達されることが多い

金融商品については、資金調達手段が多様化・高度化する中、それらのすべてを実際の業務を通じて経験することは難しい。ローン、SB、CB、外債、CP、ファクタリング、割り手、増資、証券化、LBO、ノンリコースなどだ。しかし、これらの金融商品や調達手段について、どんな内容で、どんなメリットがあり、どのような環境だと有利なのか、一通り話せなければならない（念のため、右頁に主な用語の意味をまとめておいた）。

当社に相談に来た20代後半の銀行員の履歴書に、経験知識として、貸付や手形割引などの伝統商品に加えて、ノンリコースローンや債権流動化商品などの一般的には大企業が用いる金融手段の記載があった。彼の所属する支店の立地は、東京東部の問屋街だったので「最近は繊維問屋さんもノンリコースローンなんかやるのですか」と聞いたところ、「本部に言って商品在庫をSPCに移し、それを担保としたローンスキームを考えてもらったんです。可能性はほぼないのはわかっていたのですが、勉強も兼ねて提案だけはしてみました」とのことだった。結果として、顧客には全然相手にされなかったそうだが、同じようなパターンで彼の履歴書上の金融知識は大変豊富になっている。彼の履歴書は嘘ではなく、実際に顧客への提案により自身の金融知識として習得されているわけだ。

また、書物を通じての知識の吸収も重要だ。オフィス街の書店に行けば、金融関連の本

■金融知識習得のための参考図書例

書名	著者	コメント
コーポレート・ファイナンス入門〈第2版〉（日経文庫／新書）	砂川伸幸	ファイナンス理論をきちんと踏まえて書かれた優れた入門書。資本コスト、現在価値などの基本概念から企業の資金調達と投資行動まで幅広くカバーしている。トピックスも適切でわかりやすい
道具としてのファイナンス	石野雄一	書名通り、ファイナンスを理論としてだけではなく、ツールとして活用するという観点から説明している。平易な解説でわかりやすいが、専門性も兼ね備えておりバランスの取れた良書
バリュエーションの教科書	森生明	企業価値評価の基本から最先端の理論までがわかりやすく説明されている。企業IR、M&A、事業再生まで具体的事例も豊富で理解が深められる。読み応えのある本
ＣＦＯを目指すキャリア戦略	安藤秀明	タイトルの通りの内容。財務・経理マンを対象に具体的な職務とキャリア開発に必要なスキルを紹介、キャリア設計のステップを示している。銀行員もまずはCFOとは何かについて、さらには自身のキャリアの参考として読んで然るべき本
デリバティブ・証券化商品入門	みずほ証券マーケット研究会	デリバティブ、仕組債、投信、証券化商品など最新の金融商品を網羅的にカバーした解説書。実務家が金融マンのためにわかりやすく説明している。手元にあると便利な１冊

は誰がこんなに読むのだろうと思うほど多種多様に置いてある。銀行員は実に勉強好きな人種であることを実感させられる。難解な専門書を読む必要はないが、「金融知識早わかり」的な単なるノウハウ本はあまり役に立たない。なぜなら読んでもすぐ忘れてしまうからだ。金融商品や資本市場の背景にあるメカニズム、そしてそれを受けた企業の財務行動などがある程度純理論的に整理されたものが望ましい。本のタイトルのイメージとしては「コーポレートファイナンス」とか「ＣＦＯ」といった感じだ。本質的な部分を理解すれば忘れないし、面接の場で「それらしい」ことも話せる。一挙両

得だ。

金融商品の知識以上に頼りにされるのが、金融情勢についての分析力だ。特に景気の見通しと金利の動きについては、（元）銀行員たる者、いつでもどこでも話すことができなければならない。本当のところ金利の動きは誰にもわかるわけがないし、予想をしても「当たるも八卦、当たらぬも八卦」だ。それを聞いた人も、誰がどんな見通しをしていたかなど、まず覚えていることはない。

ある著名なエコノミストと話をした時のことだ。彼の経済の見通しがかなり悲観的なため、その理由を尋ねると、次のような答えが返ってきた。いわく、「エコノミストというのは常に必要以上に悲観的に言うものです。本当に経済が悪くなれば『なるほど先生の言った通りだ。大したものだ』ということになる。一方、幸いなことに景気がよくなれば、誰も過去のエコノミストの言葉など思い出したりはしない」と。

だからといって、金利や景気の見通しは鉛筆を転がすようなものと言っているわけではない。重要なのは、与えられた条件の中でどのように見通せばいいかという方法論を語れるようにすることである。

では、そのような分析力はどうすれば身に着けられるのだろうか。今さら経済学の原論から勉強を始めても仕方ない。最も早い方法は、誰かの真似をすることだ。世の中では、経済学者から、エコノミスト、経済評論家、ジャーナリスト、コメンテーターまで、実に様々な人が、我が国の経済のみならず、世界中の森羅万象についていろいろな御託宣を垂れている。書店の平台に乗った本のタイトルだけ見ても、円が50円を切り、日経平均株価は1万円を割り、そして世界は金本位制に戻るらしい……。もちろん「タメ」のタイトルではあるが、本を読んでみると御託宣の根拠が説明されている。首を傾げるものもあるが、結構「なるほど」と唸らされるものも多い。いわゆる目からウロコが落ちるというやつだ。円がいくらになるとかの表面の結果でなく、そこに至る著者のロジックは大いに参考になる。

いろいろな著者のいろいろなロジックを自分なりに理解していくと、経済や金融の見方も多面的になってくる。そして自分なりの考え方もできてくるものだ。お客さんから聞かれたり、面接の場で質問を受けたりする場合にも、相手が興味を持つように話ができるという点では、大いに効果がある。

汎用性のあるスキル② 会計知識

①会計知識は銀行員の出発点

地盤沈下が進んでいるとはいえ、銀行の最も中心となる業務はお金を貸すことだ。そしてお金を貸すうえで最も大切なのは、相手がお金を貸すに値するか否かを判断すること、言い換えれば企業を見る目の有無だ。

それを培うのは、一朝一夕ではなかなかできるわけではない。様々な原体験が積み重なって、初めていろいろ見えてくるものだ。増収増益を続けていた企業に迷うことなくお金を貸したところ、時を経ずしていきなり資金繰り倒産したり、逆によもやうまくいくまいと判断し取引を見送ったベンチャー企業が、数年内に上場まで成長したりとかだ。そのたびに「何でだろう。何が違ったのだろう」と首をかしげ唸りながら、真実に近付いていくのだ。

率直なところ、超金融緩和が続くここ5～6年は、景気回復もあり、企業の倒産件数は大きく減少している。それ自体は幸いなことであるが、銀行員として「教えられること」はあまりない状況なのかもしれない。そこで、時間を10年近く前に戻して金融を通した企業の動きを見てみると、それなりに教えられるものがある。

リーマンショック直後の2009～2010年にかけて、多くの不動産関連企業が倒産したが、彼らの多くは、つい1年半前の2008年3月期は空前の好決算だった。6月の株主総会で史上最高益を株主に報告しながら、その数か月後に破綻したわけだ。企業というものは、たとえ赤字でも資金繰りさえ付けば倒れないと昔から銀行では教えられている。言い換えれば、黒字でも資金が回らなければ会社はつぶれるのだ。銀行が何らかの理由でお金を止めればそれまでだ。

当時は上場企業だけでも年間30社程度が倒産する一方、実はそのような状況下でも年間で同じく30社前後の企業が新規上場した。これらの企業の過半は設立間もないベンチャー企業だ。当然ながら、彼らの決算は赤字が続いている。それでも企業の成長性が資本市場で評価され、受け入れられれば存続できるわけだ。

ここで2つのことを学べる。ひとつはP／Lだけを見ていても企業の信用力は測れないということ。もうひとつは、レバレッジを効かせた借り入れ依存型経営は金融情勢の変化に脆いということだ。

このように、いろいろなことを経験しながら企業を見る目が形成されていくのだが、いずれの場合においてもコアとなるのは会計知識だ。B／SやP／Lがわからなくては、企業を云々することはおぼつかない。会計知識は銀行で普通に仕事をしていればある程度自然に身に着くものだが、重要なのは、そのような会計知識を通じて、企業の良し悪しや財務的な状況を判断する方法論を理解することだ。

話はややそれるが、現代会計の基礎となる「複式簿記」は、詩人ゲーテが「人類の英知の最大の発明のひとつ」と絶賛したという逸話が残っている（らしい）。確かに、知れば知るほどこの言葉はあながち誇張ではないという気がしてくる。要するに企業会計とは、お金が出たり入ったりして一定期間の最後にいくら残るかというプロセスを数字的に語ることだ。そのプロセスをフローとストックの概念に分類し、すべての経済行為を一つひとつその組み合わせに落とし込んでいったのだ。人類の英知というより他はない。

②会計知識は、事業会社・投資ファンドではこのように使われる

会計知識は企業の財務的な状況を評価・判断するうえで不可欠なものだが、銀行員が転職した際にその知識を多く必要とする仕事は、事業会社と投資関連ビジネスとなる。

まず、一般事業会社の場合、銀行出身者が多く就く職種は、企画担当か財務・経理担当である。例えば企画担当であれば、必ずや経営計画の策定にかかわるはずだ。その際にはまずは自社の問題点を把握することから始まる。問題点の把握を容易にするのは、ひとつ

は自社の数字の過去からの時系列比較、そしてもうひとつは他社との比較だ。収益性の観点からは主にP／L上の諸比率について、また健全性の観点からはB／S上の数字について、それぞれ比較するのが一般的だ。新製品の投入が遅れたため、営業利益率が他社比で低いとか、過大な設備投資により外部負債への依存度が高くなったなどの問題点が認識される。

そして、それらの問題点を解決するためのゴールとして、B／SとP／Lに落とし込んだ会計数字が用いられることになる。営業利益率の2％引き上げであるとか、自己資本比率35％の達成といった具合だ。年度予算や経営計画の中でこれらの数字が目標として設定され、それをもとに予算や経営計画の実績進捗状況の把握が行なわれる。この一連の予実管理（予算と実績の進捗管理）も当然、会計数字に基づくわけだ。

財務担当については、企画・予算を所管するケースもあって業務スパンは多様だが、コアとなる業務は資金回りだ。仕事内容は、資金計画の策定と実際の調達・運用に収斂するわけだが、言わばP／LとB／Sの交差する位置に資金の移動がある。

簡単に説明すると、まずは損益計画に基づく利益がP／Lから導かれる。この利益を原資として、日常のオペレーション上で発生する必要な運転資金や中長期的観点から決定される設備投資資金を賄うわけである。この過不足を銀行借り入れなどの外部資金で賄うのだ。この一連の資金の出し入れにかかわる計画を策定し、また、実際に銀行などと交渉してそれを遂行するのが財務担当だ。

また、次元は異なるが、金融機関の窓口としての予算・決算や資金計画の説明から、株主や投資家に対するＩＲ活動まで、会計用語が使われない日はない。また、無借金経営の事業会社が増えている中、それでは財務担当者は不要かと言えばそうではない。企業財務にとって資本をどのようにアロケート（配分）するかということの重要性が増している。特に複数の事業部門や関係会社を有する大企業にあって、資本効率の最大化を図るための事業ポートフォリオの構築は、戦略性の高い重要課題だ。その際のベースとしての会計知識は、同じく不可欠な要素である。

財務会計知識が不可欠なもうひとつの職業として、投資関連ビジネスがある。投資ファンドが中心だが、企業価値の算定という観点からは、M&A業務や関連コンサルティング業務も含まれる。事業会社における会計知識が、言わば「自社」を語るために必要であるのに対して、こちらのほうは「他社」の態様を語るのだ。

これらの業種におけるコアな作業は、投資候補先やM&A対象会社の企業価値の算定である。それをもとに株価が算定され、株式の交換比率であるとか、購入価額であるとかが決定されるのだ。

企業の価値は、もちろん数字以外も含めた様々なファクターの総合判断に基づき求められる。だが基本的には、その企業の生み出す収益、すなわち数字そのものに収斂される。具体的には、収益を中心とした将来のキャッシュフローの予想を作成し、それを資本コストで割り引いて現在価値、すなわち企業の価値を求めるのだ。それ以外にも、「マルチプル」と呼ばれる収益と株価の比率を、同業他社の実績数字から求めて利用するといった簡便的な方法もある。

方法は複数あるが、根柢にある考え方や会計上の視点はすべて一緒だ。さらに、企業の買収や合併の目的である企業の価値向上が図られたかどうかの検証も、同様の手法で行なわれる。会計知識なくしてはおぼつかない世界なのだ。

③会計知識の習得には金融庁検査も役に立つ

銀行員の能力開発は、会計知識の習得に始まりそれに終わると言っても決して過言ではない。基礎的な知識であることから、銀行側も様々な教材を用意するだろうが、まずは日常の企業取引を通じて、相当の水準まで知識は深まるはずだ。

どこの銀行でもあるだろうが、取引先企業の信用格付け（ランク）の査定は基本だ。機械化が進んでいることから、取引先から入手した決算数字を単純にインプットすれば作業としては終了してしまう。しかし、ある意味では信用格付けは銀行の衆知を結集した部分だ。将来、事業会社で資金を調達する側に回った場合も、銀行の格付けのロジックを理解しているか否かで財務戦略や調達コストに違いが出てくる。機械作業に流されることなく、本質を理解すべく問題意識を持って対応することが肝要だ。

若干次元は異なるが、もうひとつの誰でも体験するが大変役に立つ知識は金融庁検査だ。「検査」と聞くとトラウマになっている人もいるだろうし、実際にうんざりする思いを今まさにしている人もいるだろう。事業の許認可権を持つ官庁はたくさんあり、当然、当該事業に関する検査権も持っている。しかし、銀行に対する金融庁検査ほど、厳しく徹底して行なわれるものは他にない。官庁検査の白眉だ。世の中全般で規制緩和と官庁離れが進む中、この検査で金融庁は銀行をグリップしているわけだ。この検査は経験した者でないとわからない、言わば銀行員の共通の原体験だ。

これがなぜ役に立つかと言うと、要するに借り手に対する銀行のスタンスの原点になっているからだ。あえて極端な言い方をすれば、銀行にとって取引先が1社や2社つぶれて焦げ付いても大したことはないだろう。貸し倒れ損失を計上すればいいだけのことだ。しかしながら、金融庁検査で目を付けられて、貸出資産査定の評価を厳しくされたとたん、他の債権も含め問題債権として分類のうえ、一定の基準でガサッと引き当て処理をしなければならない。その結果、赤字決算になろうものならそれこそ一大事だ。

したがって銀行は、金融庁が分類する可能性のある貸出を極端に嫌う。この基準については金融庁マニュアルなどで公表されているが、「素人」が見ても率直なところ実務レベルで理解するのは難しい。金融庁の検査官との質疑を通じて、言わばＯＪＴとして体得される類のものだ。検査を体験しない限り実感としてはまずわからないだろう。事業会社で借りる側に回った際に、金融庁の視線を背景にして、銀行がどのような姿勢で臨み、何を考えているかがわかるということは大いに役に立つに違いない。

話が少し生々しくなってしまったが、転職に際して「会計知識」をキャリア上有利にするには、公認会計士や税理士の資格を取得するのが一番だろう。実際に仕事をしながら取得する人もいる。しかし、多くの人にとって現実的には容易なことではない。

だとすれば、ひとつの有力な選択肢として、米国公認会計士（ＵＳＣＰＡ）の取得がある。知識の習得というのは、習得すること自体に意味があるのはもちろんだが、実際に目に見える目標がないと進まないのは事実だ。その点、米国公認会計士の資格は、通常の仕事をしながらでも十分取得可能であり、かつ、実務に役に立つ知識も身に着く。知識の習得と対外的なキャリアアップという観点から検討すべきことだろう。

汎用性のあるスキル③　語学力

①年収に最も影響を与えるスキル

結論を先に言えば、「たかが英語、されど英語」ということだ。よく指摘されることだが、日本ほど時間と労力をかけながら英語教育がうまくいっていない国はない。東大を出ようが英文科で勉強しようが、英語でビジネス会話のできる人は間違いなく少数派だ。英語教育失敗の理由は、英語がしゃべれなくても一向に困らなかったという日本経済の歴史性から来ているのだろうが、ここでは本旨ではないのでこれ以上触れない。

いずれにせよ、ビジネス英語ができる人が限られているという寂しい事実が、日本において特異な給与体系をもたらしている。すなわち、英語ができて外資系企業で働くならば、給与は激しく上がるということだ。

すでに触れたが、外資系企業での最も重要な能力のひとつは語学力である。外国人の上司と、そして本社のある海外との間でいかにうまくコミュニケーションを図れるかが、その人の評価の過半に反映すると言っても誇張ではない。語学力の背景には、単に言葉だけでなく、メンタリティとして、外国人と価値観を共有できるということもあるだろう。

ことの是非はともかくとして、英語ができれば外資で働く機会が増え、外資で働けば同業種の日本企業よりもはるかに高い給料、恐らく1・5倍から場合によっては数倍の給料をもらえる。

ちなみに、どうして外資系企業は給与が高いかという点については諸説あるが、ひとつの理由はとても単純で、英語をビジネスとして使える人材が日本では希少であることだ。より正確に言えば、英語を使って外国人と彼らのルールにしたがって仕事をできる人が少ないということだ。

2つ目の理由は、「彼らのルール」の一丁目一番地だが、「お金を稼げなければ去るのみ」という「job security（雇用の安定）」の低さ、またはそう見えることの裏返しの現象なのだろう（実際のリスクは必ずしも高くないが）。

英語ができることの効用について、まずは給与が高いと指摘したが、そもそもは、就業の間口が広がり、仕事のチャンスが増えるということである。

ここまでは外資系企業を中心に述べたが、日系企業においても「グローバル人材」へのニーズは急増している。ビジネスのグローバル化が進展している中、人材面での対応は必ずしも追い付いていない。したがって、企業規模にかかわらずグローバル対応ができる人材は常に求められているのだ。外資系企業や海外留学の経験があればベストだが、そうではなくても、まずは外国語がビジネスレベルでできることは、転職に際して大変な強みなのだ。

要するに、英語は絶対にできたほうが得ということだ。年齢のファクターで見ても、若いうちは語学力に関係なく、ある程度は満足のいく転職が可能だ。一方、年をとると、一般的には能力に関係なく転職の可能性は狭まってしまう。その中でも英語ができる場合は、転職の可能性が大いに高まり世界が広がるのは間違いない。

例えば、特にスペシャリティがない60歳に近いような（元）銀行員でも、英語ができるだけで、外資系企業の総務や人事などの職種に就ける可能性が大きく増える。日系企業であれば、500万〜600万円程度の年収がやっとの人でも、1000万円前後の年収に達することは普通だ。極端なことを言えば、少なくとも現状においては、60歳を過ぎての年収水準を概ねキープしての転職は99％無理だが、英語ができれば残り1％の可能性にかけられるわけだ。

②とにかく自力で勉強を

では、英語がうまくなるにはどうすればいいのか。留学や海外勤務は希望すれば誰でも実現できるというものではない。まずは自力で勉強するしかない。逆に自力で勉強をして語学力が高まれば、大いに年収がアップする可能性が広がる。

努力と報酬というのは必ずしもいつも正比例するものではなく、ここにサラリーマンの悩みがあるわけだが、こと語学に関しては、ほぼ100%の相関度だ。語学は努力がきちんと報われる数少ない分野なのだ。要するに、ただひたすら努力すればいい。少数言語ならいざ知らず、英語に関して言えば、教材は巷にあふれ返っている。朝、電車の中で携帯のゲームに熱中するくらいなら、昼飯の後に喫茶店でスポーツ新聞を読んで過ごすくらいなら、そして夜飲みに行ってお気楽な上司の自慢話や愚痴で時間を費やすくらいなら、ぜひ英語を勉強したいものだ。その後の人生に大きな差が出てくるのは間違いない。

汎用性のあるスキル④　営業力

①ネットワークは身を助く

これをスキルと言うかどうかは定義次第だが、収益を生む源泉という意味では、スキルと同義と考えて差し支えないだろう。営業の世界においては、人的ネットワークなくして業績向上を図るのはなかなか難しい。言わば非価格競争力だ。毎晩飲みに行く酒好きが半ば自己正当化のために「年をとると重要なのは人脈だけだ」と言うが、確かにそれは多分に正しい。シニアになればネットワークがあること自体がステータスとして機能するのは事実だ。

では、がんばって作ればいいではないかということだが、一朝一夕にはできないのがネットワークだ。いつも意識しながらじっくり時間をかけて積み重ねていき、初めてできてくるものだ。したがって長期的な視点が必要になる。そんな中、逆説的ではあるが、組織対応を原則とする日系企業よりも、むしろ、個人の力量を前面に出してビジネスを展開する外資系企業においてこそ、その重要性が高いようだ。

外資系投資銀行の例で見てみよう。一般に外資系投資銀行の組織の中では、カバレッジと呼ばれる部門が顧客営業を担当する（238頁参照）。カバレッジには、邦銀の本店営業部と同じく、基本的には業種別のチームで構成されている。外資なのでカタカナになるが、コンシューマー、エレクトロニクス、メディカル、テレコミュニケーションといった具合だ。業種のひとつではあるが、やや異なるジャンルとしてＦＩＧ（Financial Institutional Group）と呼ばれる金融機関担当も含まれるのが一般的だ。端的に言えば、これらのカバレッジ部門が窓口となって顧客のニーズを探りつつ、プロダクツ（商品開発部門）の開発した金融商品を提供して収益を上げていくことになる。カバレッジのご本人たちがやや卑下して「要するに、靴の底をすり減らして稼ぐ高級御用聞きですよ」と言ったりするが、本質はその通りだ。「高級」は「高給」に読み替えても正しいが。

ここで最も必要なスキルは「人脈」である。邦銀においてももちろん人脈は必要だが、メガバンクの、しかも大企業担当部店においては、組織対組織の関係ができあがっており、属人性はあまり前面には表れてこない。それこそ連綿と続く歴史の中で、担当者の生まれる前からの取引関係も相当あるだろう。だからこそ、頻繁な人事異動で担当者を代えることができるのだ。言わば「余人を以てすぐに代えられる」だけの組織間のリレーションシップが構築されているわけだ。

一方、外資系においてはそうはいかない。取引関係は「組織対組織」でなく「個人対組織」の性格が強い。投資銀行を中心に外資系金融機関は、一般的に融資による資産を持つことが少なく、アレンジメントフィーのようなディール・バイ・ディールの取引が中心になる。こうしたストックでなくフローのビジネスの場合は、自ずと組織でなく個人の属人性に依拠する面が増えるのだ。もちろんこの背景には、転職する人が多く、組織としての仕事の連続性がなかなか保てないという面もある。

②一度築いた関係はずっと持ち続ける

このため、会社が人材を採用する際には、その人物がどの程度顧客とのネットワークを持っているか、その業界に関する知識・人脈が十分あるかどうかということが重要になる。シニアなポストになるほどそのニーズは高くなる。例えば、外資におけるPB（プライベートバンキング）は、顧客からの預り資産が50億円あれば、どこの金融機関にも出入り自由と言われる。顧客が会社ではなく、個人に付いているからだ。

最近でこそ、邦銀も「業種」としての一貫性を持った人事異動を考え始めているようだが、まだまだごく一部だ。したがって、スキルや価値を高めるには自分自身で努力するしかない。さらに言えば、ネットワークを維持・拡大することが必要だ。

そのひとつの方法は、担当していた会社の財務部をはじめ様々な人々とのリレーションを、仮に異動で外れた後も持ち続けることだ。簡単ではないが意識すれば誰にでもできるはずだ。また、業種ごとに横断的な勉強会や集まりにメンバーとして参加するのもいい。

■汎用性のあるスキルのまとめ

スキル	目的	必要な知識・姿勢
金融ノウハウ	安定的かつ低コストでの資金調達	・借り時の見極め ・銀行のほしがる材料の品ぞろえ ・金融商品に関する幅広い知識 ・金融情勢についての分析力
会計知識	企業を見る目（財務的状況の評価・判断）	・B/SとP/Lの理解 ・資金回り（調達と運用の計画策定） ・予算・実績管理 ・企業価値の算定
語学力	外資系企業で最も重要な能力	・コミュニケーションの基本 ・欧米型ビジネスカルチャーの理解 ・就業チャンスの増大 ・自助努力による能力の向上
営業力	収益の源泉（ネットワークは身を助く）	・営業力の源泉は人脈 ・外資系でこそ重要な人的ネットワーク ・ネットワークは人材の価値を高める ・長期的な観点での人脈の構築

このような活動を続けていれば、自然とネットワークは広がっていくものだ。

人脈は、あって決して邪魔になるものではないということは頭に刻み込んでおくといい。「芸は身を助く」ならぬ「ネットワークは身を助く」ということだ。

◇　◇　◇　◇

ここまで、人事ローテーションで次々に異動を繰り返す銀行員がスキルの向上を図るためには、日々の仕事に加え、自ら目標を定めたうえ、世間的に汎用性の高いものを培っていく必要性を述べた。

続いて、同じく人事ローテーションにより生じる様々な職種での経験を活かし、それを外の世界でキャリアとして発展させていく可能性について考えてみたい。

他業種につながるキャリア①　人事部門

銀行の人事部には行内でも選りすぐりの優秀な人材が集まるが（最近は多少様相が異なるという意見もある）、その結果、どこをどう見ても、彼らの仕事ぶりは大変よく「詰まって」いる。理論的に整合性の取れないところはまずない。建前と本音の乖離というのは日本のお家芸のようなものだが、銀行の人事部は建前だけですべてを通せる数少ない業種だ。

見方を変えれば、建前を言えるのはそれだけ余裕があるということかもしれない。企業においても、業績が順調であれば諸般原則通りの対応ができるが、環境がアゲインストに変われば「背に腹は代えられず」本音の行動に出るに違いない。銀行はよろずきちんとルールに則った運用をしている優等生業種のひとつだ。そのため、銀行の人事部で仕事をしていると、言わば「人事原論」から始まって「労務管理術」まで、期せずして包括的に学ぶことができる。この知識は一般企業に出ても大変有効だ（もっとも邦銀の人事部は評価の高いエリート集団なので、少なくともこれまでは、転職して外に出るケースはあまり多くはないが）。

結論から言うと、銀行の人事部の仕事で培われるスキルのうち、外に出て最も価値のあるのは、人事制度作りと労務管理ノウハウだ。

私も銀行の人事部に長くいたのでよくわかるが、他の業種に比べて人事制度の精緻さは頭抜けている。人事理念から始まって、給与、賞与、資格、職能、職務、期待、目標、評価、成果といったテクニカルタームがきちんと整理され、人事制度の中に収められている。国会答弁ではないが、野党から何を質問されようと、完璧に答えられるようなロジックを内包しているのだ。したがって、銀行の人事部で一定の期間仕事をすれば、一般事業会社の人事部はもちろんのこと、人事コンサルティングファームでも対応できるだろう（言うまでもないが、制度は完璧であっても、それが有効に機能しているかどうかは別問題だが）。

また、銀行人事部の有する労務管理のノウハウは、日本の労働法の特殊性（法律とは別に多くの法的な慣習がある）を背景に、組合との微妙な距離感を持った交渉経験を通じて、職人芸的な域にまで達している。

銀行の労使交渉と聞くと、実はエリート集団である御用組合と組合ＯＢが多くいる人事部との馴れ合い、またはデキレースと感じる向きも多いだろう。確かにそれは事実だ。だが、デキレースであるがゆえに建前の応酬となり、それはそれで大変ロジカルだ。

例えば、始業時間が午前9時のところ、ある支店で毎週月曜日の朝は8時半から会議をすることになったとする（そもそも8時くらいまでには全員来ているだろうが）。誰も何も指摘しなければこのままだが、何かのきっかけで組合が取り上げれば「これは残業と同様に時間外労働だから手当てを払え」ということになる。

銀行側「これは支店内におけるコミュニケーションを深めるための任意の集まりだ。したがって手当ては不要」

組合側「全員参加の強制なのでこれは業務だ」

銀行側「業務なら上司から時間外勤務の命令があるはずだ」

組合側「現場に確認する」

という応酬。人事部はすぐに支店長に対して「時間外の業務命令を出すか、9時からの会議にしてください」と連絡をする。当然ながら支店長は、会議をやめるか日中に時間を変えるかして手当ての支払いは回避することになる。

不況に苦しむ世の多くの会社であれば、「何を寝ぼけた平和な話をしているんだ。明日をも知らぬ身にたかだか朝の30分で残業もへったくれもない」と断じられ、一顧だにされない話である。だが、一方では、このようなやりとりがあるからこそ、いろいろなことを学ぶことができるのだ。

「そうか朝も残業代が付くんだ」「なるほど、残業は本当は事前に上司の命令が必要なんだ」など。人事部員ならずとも一般行員においても、外に出た際に管理職として使える知識が身に着くことになる。

他にも銀行の労使間においては「海外出張中の飛行機内の時間は振替休日の対象になるか」「接待は残業?」など、勉強になりそうな（平和な）テーマはいくらでもある。メーカーを中心にして一般事業会社の人事は、労務管理が大きなウエイトを占める。銀行人事における経験がここでも十分に生きるはずだ。

他業種につながるキャリア② コーポレートガバナンス部門

いつの時代にも、経営に流行りのカタカナ言葉があるものだ。「コアコンピタンス」「コンプライアンス」「ナレッジマネジメント」「フラット化」「サステナビリティ」「エンゲージメント」……。どれもカタカナということは「輸入のコンセプト」ということだ。こんな中で、ハヤリモノにしてしまうのは叱られそうだが、ここ20年ほど安定的な地位を占めているカタカナ言葉が「コーポレートガバナンス」だろう。新聞にももちろん登場するが、それ以上に経営に関連する書籍や、雑誌などでは古顔の常連だ。これも米国発の経営概念のひとつだが、海をわたり日本ではいろいろな解釈や説明があるように見える。

コーポレートガバナンスの一般的に言われている定義は、「経営者は株主の利益の最大化を目的に企業経営にあたる責務があり、このような経営者の責務を果たしているか、経営者に目標を与え、業績評価を行ない、経営者が株主の利益を生み出すようにモニタリングすること」といったものだ。私自身は「経営者の横暴を、主に株主の立場から牽制する仕組み」という単純な理解をしている。

古顔の常連ということは、世の中もその重要性を認めており、あまねく企業において不可欠な組織運営上の概念と考えるべきだ。銀行はその中でも最もピュアにコーポレートガバナンスのコンセプトを業務に敷衍《ふえん》している。したがって、銀行で仕事をしていることを通じて、知らないうちにコーポレートガバナンスのエッセンスは体得されている可能性が高い。

そもそもメガバンクなどの大手銀行には、様々な責務、すなわち「しばり」が課せられている。一般事業会社としての会社法、上場企業であることによる証券取引法、許認可の原点となる銀行法、そして何よりもご当局のinvisibleなものを含めた、たくさんの「決まり」がある。銀行を離れてあらためて思うのは、銀行というのはあれだけのシバリがあってよく利益が出せるものだなということだ（言い換えればその分だけ、預金者や借入者に見えざる損失が生じているという見方もできる）。

銀行のコーポレートガバナンス体制を詳述することがここの趣旨ではないので、ガバナンスに関連してよく話題にのぼる組織名を上げてイメージを作ってみる。すなわち、「取締役会」「株主総会」という伝統的な機関に加え、「報酬委員会」「指名委員会」「内部監査部」「統合リスク統括部」「ＡＬＭ委員会」「コンプライアンス統括部」「情報セキュリティーオフィサー」などだ。ハタから見ればよくもいろいろ組織や組織名を思い付くものだと素直に感心するとともに、総勢で数百人にはのぼるであろう、これら組織の人材を抱えるコスト（機械損失を含む）を想像すると、他人事ながら心配になってしまう。

見方を変えれば、理屈先行とはいえ、ここまで精緻にガバナンス体制や組織を構築する業界は他に見当たらない。銀行はコーポレートガバナンスの何たるかについて身を持って理解・習得できる最高の場なのだ。このため、これらの部署での業務経験を持つ者にとっては、外の会社に転職する機会が行幸よろしくもたらされている。どの業種や企業に行ってもまず問題なく対応できるし、実際にも対応している。

容易に想像できるが、銀行においてこれらの部署に配属される人材は、どちらかと言えば地味なタイプだ。銀行に残ってどの程度日の当たる人生を送れるかは微妙なところ。一方、外の会社に移ればポテンシャルの高さもあり、大いに活躍できるチャンスは増えるだろう。思案のしどころだ。

他業種につながるキャリア③ 総務部門

ガバナンスの話ついでにもうひとつ。経営者と株主が対峙する最大の見せ場は、株主総会だ。もともとはセレモニー的な色彩が強く、そのため逆にいわゆる総会屋の跋扈《ばっこ》する余地があったのだろうが、昨今は様変わりしている。いわゆるプロキシーファイト（委任状争奪戦）とまではいかなくても、結構、世間の関心を集めるような総会も増えてきた。また、株主への情報提供という意味では、有価証券報告書の作成に始まり、広報・ＩＲまで、その重要性は増している。

株主と関連する業務を担当する部署は企業によって異なるが、そのコアとなる株主総会の仕切り役は総務部が担当するのが一般的だ。様変わりとはいえ、それは中身についてのことであり、開催の手続きの面では、開催通知から当日の運営の細目に至るまで基本的に変わっていない。職人技の世界が生きている。

銀行においても株主総会は、「無事に終わって当然、トラブったら担当のクビが飛ぶ」という世界だ。何でも精緻化するこだわりのカルチャーもあり、運営の事務的な水準（中身ではない）は、他の業種に比べて圧倒的に高い。

銀行から某小売業界トップ企業に転職した直後、私は株主総会の事務局として準備作業に関与したが、一番驚いたのは、総会リハーサルの回数の少なさと想定問答集の薄さだ。銀行では直前1か月はほとんど毎日のようにいろいろな場面を想定してリハーサルを実施し、直前の数日は本番以上の臨場感がみなぎる。一方、某小売企業は、業界のトップ企業にもかかわらず私の記憶ではリハーサルは2回だけ、しかもシナリオに書いてあるセリフを関係者が順番に読み上げるだけという淡白なものだった。想定問答については、ページ数のケタが違うと言えば概ね見当がつくだろう。

ちなみに某小売業界トップ企業の総会では、ほとんどの株主質問に対してカリスマ会長が1人で回答した。しかもどの質問に対してもほとんど同じ答えだ。それでも誰も文句を言わない。回答者に迫力があれば、事前準備はいらないのかもしれない。

話を戻して、銀行の株主総会、正確には総会運営技術はレベルが高い。当然それに携わる担当者もレベルが高く、多くのノウハウを持っている。率直なところ、銀行は、優秀な人材はスタッフや営業に登用するので、（年に1回だけの）株主総会を仕切る総務部には必ずしも評価の高い人材が配置されるわけではない。しかしながら、銀行で数少ないローテーション異動適用外の部署である総会担当は、経験を積み、職人技を磨くことができる。50歳を超えると急速に市場価値の落ちる銀行員の中にあって、年齢度外視で声のかかる数少ない職種でもある。

他業種につながるキャリア④　ＩＴ部門

ＩＴ部門は銀行の人事ローテーション下にあっても在任期間が長期化する例外的な職種

だ。業務の専門性がその最大の要因だが、いわゆる「オタク系」の非営業型の人材が配属されることが多く、期せずして長期化するということも現実的にはあるだろう。また、システムと事務管理の仕事は表裏一体であることから、一般的にシステム経験者は事務周りの仕事に土地勘があるうえ、実際にこれらの部門での業務経験も持つ人が多い。

率直なところ、銀行では必ずしも日の当たる職場ではないが（昨今の状況を見ると「なかったが」という表現が妥当かもしれない）、職人技であるがゆえに、実は世の中では結構重宝されるキャリアなのだ。

これまでも、コンサル会社の主要業務のひとつである金融機関向けのサービス提供は、「手のうちを知った」元銀行員の強みが活かされる仕事であり、多くのＯＢが活躍をしている。その流れは大きくは変わらないが、これからはさらに一般事業会社での活躍の機会が増えるに違いない。

ＡＩの時代と言われながら、では自分の会社では一体何をどうすればいいのかわからないというのが、世の多くの会社の偽らざる気持ちではないだろうか。ＡＩとまでいかなくとも、そのもう少し手前のところで、勘定系と情報系の統合や、それにグローバル化が加わるＩＴシステムの高度化というレベルでもお手上げの企業が多いのは事実だ。

■他業種につながる銀行のキャリアのまとめ

職種（キャリア）	使えるノウハウ	転職候補先
人事	・人事制度作り：報酬制度、評価制度 ・労務管理：組合対応、労働法の運用	一般事業会社 コンサルティングファーム
コーポレートガバナンス	・内部監査、コンプライアンス、リスク管理 ・組織マネジメントのベース知識	一般事業会社 コンサルティングファーム
総務	・株主総会：開催までの手続き、事前準備、当日の運営 ・広報・IR：株主に対する情報提供	一般事業会社
IT（システム）	・金融システムの企画、運営 ・勘定系、情報系双方のシステム知識	一般事業会社 コンサルティングファーム

一般の事業会社のITシステムの責任者であるCIO（Chief IT Officer）を外部から採用する際には、2つのキャリアの出身者に大きく分かれる。

ひとつは「SIer」と呼ばれる、いわゆるシステム会社のSEなど技術系の人材。これはベンダーからクライアントへ鞍替えをするわけであり、先ほどの例の通り、敵の手のうちを知っている強みと、何より技術面での専門性がアピールポイントだ。

もうひとつ、業種は様々だが事業会社のITシステム担当から、そのまま横滑りして他社のCIOとなるケースだ。こちらは専門性こそSIerには劣るものの、言わばシビリアンとして最近ニーズが高まっている。経営者にとってITシステムはブラックボックス化しており、まずは何がどうなっているのか知って理解するのが一番大切だ。

その点で言うと、いたずらに専門用語を駆使するS

ＩｅｒあがりのS専門家より、平易な言葉で説明をしてくれる事業会社系の人材のほうが好まれる。アウトソースがいくらでもできるこの分野では、ユーザーであるフロントの希望（言わば顧客ニーズ）とベンダーをつなぐ機能が最も重要なのだ。

銀行のシステム担当は、まさにユーザーである行内の諸部門と、ベンダーであるＳＩｅｒとをつなぐ仕事。銀行員の緻密さと真面目さをもってすればハマリ役だ。これにグローバル対応ができれば鬼に金棒だろう。

転職には「使える」資格と「使えない」資格がある

昨今は売り手市場だが、不況になると資格取得を目指して人が集まることから、専門のスクールは商売繁盛すると言われてきた。株で言うところのディフェンシブ銘柄だ。昨今は「専門性」がキーワードでもあり、常時繁盛しているらしい。確かに「転職」をネット検索して開いたページに「キャリアの第一歩は専門性。今こそ資格を取ってワザを身に着けよう」との広告がリンクされていたら、誰しも一度はクリックしてしまうだろう。そうなると「転職に有利な資格ランキング」も見たくなるだろうし、さらにその場で衝動的にスクールに申し込んでしまう人もいるに違いない。最大の誘因は「資格とお金はあり過ぎて困るものではない」ということだろう。お金については弊害も多いような気もするが、少なくとも資格は確かにあって困るものではない。

しかしながら、実際に転職に際して役に立つかどうかは別の問題だ。もっと言えば、限りある時間の中で勉強するのなら、転職が視野に入っている以上、役に立つ資格でないと意味がない。銀行員にはもともと勉強好きで、本質的に資格マニアの性癖を秘めている人が多いため、あらためて「使える資格」「そうでない資格」は何かを考えてみたい。

転職に「使える」資格

①公認会計士

1番目はこれだ。もちろん弁護士も企業においては大変尊重される資格だが、社会人が会社で仕事をしながら取得するのはかなり難しいだろう。公認会計士も難関ではあるが、銀行員はもともと経済知識があり、基礎的な会計・税務知識を持っているので、十分取得可能な資格だ。実際に銀行に勤務したまま取得するケースも少なくない。

公認会計士については、リーマンショック直後の「資格は取ったものの……」と言われる時代から、「人不足」の代表選手になるまで、ここ数年間で状況は一変した。とは言え、銀行員が資格を取って、大手事務所で新卒の若者と一緒に雑巾がけをする姿は想像しにくい。当然、会計士事務所を開設し、1人でやっても商売が成り立つだけの顧客を見つけるのは難しい。

一方、一般企業に転職の際には有力な資格であることは間違いない。当然、企業は本人の実力を認めなければ採用しないが、公認会計士資格への信頼度は高く、実力を推定する有力な材料になる。経理・財務の仕事が中心になるが、管理業務全般を視野に入れて活躍するケースもある。本邦大企業でのニーズはもちろんあるが、外資系企業やベンチャー系企業でのニーズも高い。その場合は、最初からCFOのポストで迎えられることも多い。要するに、主食（会計事務所）としては物足りなくなりつつあるが、副食（一般企業）としては大いに存在感を高めることのできる資格ということだ。

普通、公認会計士と聞けば日本での資格を念頭に置くが、すでに述べたように、米国の会計士資格であるUSCPAも「使える」資格だ。この資格は日本の公認会計士資格に比べて難易度は落ちるが、英語での対応ということもあり、外資系の企業を中心にかなり尊重される。難易度からすると結構「お得」な資格ではある。

②宅建

まず、宅建は宅地建物取引士の略称だ。「昔は簡単だったのに」とよく話題にのぼる資格だが、特に宅地建物取引主任から「取引士」に名称が変わってから合格が難しくなったとも言われている。実際、合格率は20％を切っており、難しい試験として位置付けられている。ただし「お気軽試験」とも言われる通り、あまり勉強もせず軽い気持ちで受ける人が多いのも事実だ。普通の銀行員がそれなりに準備をすればまず合格は間違いない。

この資格もこれだけで「飯を食う」のはなかなか難しく、その意味では「副食」だ。求人側は業種的に絞られており、まずは不動産・建設企業、次に投資ファンド、そして最後にノンバンクを中心とする金融系だろう。一般的には「あったらベター」程度だが、不動産関連企業では採用の条件にするところも結構ある。何と言っても会社から引退後は「街の不動産屋さん」に転身できる可能性を秘めている。

③弁理士

聞き慣れない人も多いと思うが、知る人ぞ知る国家資格だ。知的財産権への注目度のアップを受け、人気も上がっている。理系の司法試験と言われるほどで合格の難易度はかなり高い。弁護士や一昔前の公認会計士と同じで、特許事務所や専門の事務所に勤務するケースが過半を占めるが、徐々に企業内で活躍するケースが増えている。年収1000

万円レベルの資格と言われたこともあるが、最近は資格保有者が増えたこともあり、人材のニーズの需給はやや緩んでいる。

銀行員には縁の薄い資格と思われがちだが、行員の一定の割合を占める理系出身者にとっては検討に値する資格だ。理系出身者の採用は、1980年代後半のバブル時代に積極化されたが、大半の人材はマーケット業務や金融商品開発に投入された。彼らも今やベテラン行員の域に移りつつある。「デリバティブ」なる言葉が死語になりつつある環境下、ひとつの選択肢として考えられるのではないか。

④ＭＢＡ

外資系の金融機関、投資ファンド、コンサルティングファームに転職するには最強の資格だ（もちろん欧米有名大学のＭＢＡが望ましいが、国内大学のＭＢＡも最近は市民権を得てきている。ただし、その場合は専門性を重視されるので要注意だ）。それなら留学してＭＢＡを取ればいいではないかということになるが、最大の難関は銀行内の留学生試験だ。もちろん自費でＭＢＡ留学することも理屈上は可能だが、会社を退職して収入がなくなったうえ、日本の私立大学の3～4倍程度の学費がかかることを考えれば、ごく少数の恵まれた経済環境にある人しか難しいだろう。また、自費でＭＢＡ留学をする際には銀

■転職に使える資格

資格	ポイント
公認会計士	• 仕事をしながらでも取得可能 • 一般事業会社への転職に際しては有力な資格 • 外資系やベンチャー系企業でのニーズ大 • USCPAは難易度は落ちるが、それなりに使える資格
宅地建物取引主任者	• 昔に比べるとかなり難しくなった資格 • これだけで「飯を食う」のは難しい副食的資格 • 不動産関連企業では採用の条件にも • 引退後は「街の不動産屋さん」への転身も
弁理士	• 聞き慣れないがれっきとした国家資格 • 知的財産権への注目度アップで人気も上昇 • 理系の「司法試験」的な存在で難易度は高い • 企業内で活躍するケースが増大中
MBA	• 外資系金融機関に転職するには最強の資格 • 欧米有名大学のMBAが望ましい • 行内の選抜試験が一番の難関 • 資格取得後は世界が大きく広がる

行を退職することになり、行内留学と異なりキャリアがいったん切れることから、日系企業の中にはそれを嫌がるところもあるので要注意だ。

ところで、なぜ最大の難関が銀行内の試験かというと、試験内容が難しいということではなく、選考の基準が不明確であることだ。英語の成績がいいことはもちろん必要だが、それだけでOKというわけではない。だからといって仕事の評価かというと、それももちろんだが、やはりそれだけではない。結論は両者のバランスだろうが、最後に「人事政策上の基準」なるものが入ってくる。要するに合格のルールがよくわからない試験に臨むということだ。

それでも、合格して留学できた暁には、そ

の後の世界が大きく変わる。人生の選択肢が大きく広がるということだ。即物的だが、恐らく生涯所得も数倍になる可能性大だ。

転職に「使えない」資格

資格取得の目的は様々だが、資格を取ること自体に喜びを感じる「資格マニア」が世の中には結構多い。当社に相談に来る求職者の履歴書を見ると、中には10以上の資格を並べるツワモノもいる。ここまでになると、さすがに資格相互間に関連性はまずなく、資格取得自体が目的化していることは間違いない。それを否定するわけでは決してないが、せっかく時間と費用と労力を投入して取得するのであれば、目的をハッキリさせたうえで勉強したほうが効率的だろう。引き続き、他の資格が転職に際して、どの程度役に立つかという観点から見てみる。

①中小企業診断士

銀行員に人気のある資格だ。特に国内畑の事業法人営業や審査の担当者が、これまでの実務経験を活かし、さらにスキルアップさせる目的でチャレンジするケースが多い。人気のある理由は、実務に活かせるということが一番だが、試験の難易度がかなり高く、知的好奇心を満足させられるというのもあるようだ。

転職に関連してこの資格を活かす最も自然な発想は、この資格を取得してコンサルティングファームに入るということだろうが、コンサルティングで必要とされる要件（中小企業経営者とのコミュニケーション能力が重要）は若干異なることから、必ずしも有力なサポート材料にはならないかもしれない。一般事業会社についても、関連知識を直接的に活用できる業務はあまりないことから同様だ。

やはり、この資格は金融マンが自分の知識を広め、仕事の奥行きを深めるという目的で取得するのが最もよさそうだ。

②簿記1級

試験経験者は実感としてわかるが、3級、2級ときて「結構簡単に取れるなあ」と自分の能力を見直した矢先、1級をトライしてみて初めて難しさを知るという具合だ。とは言え、一般的には勉強するために専門の学校に通うことが多い中、銀行員であれば十分独学で取れるレベルだ。したがって、必ずしも高度な専門能力を示す資格にはならない。事業会社の経理・財務部門におけるアシスタント的な担当者であれば別だが、部長やマネージャークラスを視野に入れた人材を採用する場合には、ほとんど役に立たないと思って間違いない。

一方、銀行に入って間もない中で、経理・財務の勉強をしたいということであれば、1級の取得を目標として、がんばることは意味があるだろう。

③社労士

正式な名称は、社会保険労務士。人事・労務管理に関する資格のため、いろいろな会社の人事部の人の名刺上に「社会保険労務士」と書かれているのをよく目にする。だからといって、社労士であれば転職して人事部に入れるかというと、まったくそのようなことはない。

では、なぜ名刺上でよく見かけるのか。人事部の人がせっかく勉強するなら仕事に活かせるものをと考え、この資格に至るわけだ。特に銀行の人事部は選りすぐりの人材が多いため、かなりの人の名刺上で見かける。

社労士事務所への就職というのもあり得るが、一般的には給料もそれほど多くなく、結果的には、人事部時代に資格を取った女性が、キャリアアップや自立を目指して入るケースが多い。

④TOEIC

語学試験の代表銘柄。書類選考の足切りで使われることはあるが、スコアがいいからといって就職に特段有利になるということはない。特に、外資系金融機関においてはネイティブレベルの語学能力が求められるため、選考基準として使われることはまずない。逆に言えば日系企業で足切りに使うケースが増えてきていることから、一定水準を保有することは決して邪魔にはならないだろう。

ただし、基本的にはこちらも語学力アップを目指した自己研鑽の際の目途として考えるべきだろう。TOEICについて言えば、外資系で通用するには900点以上はないと苦しいだろう。日系でもビジネスで使うには最低800点は必要だ。前にも述べたが「たかが英語、されど英語」なのだ。

一番重要なのは自分に自信を持つこと

この章では、銀行員が転職を考えた場合のスキルアップやキャリアのあり方、そして役に立つ資格取得について述べてきた。いずれも現実の話であり、少なからず参考になるはずだ。だが、ぜひ再認識してほしいのは、これらの活動の背景をなす自分自身の「地の力」が一番重要ということだ。そしてこの地力は、日々の業務を通じて銀行員には十分培われているということを最後に述べたい。

現役であってもOBであっても、およそ（元）銀行員と話をしていてよく出てくる言葉がある。「所詮、私は銀行員。浅く広くで何か特別なことができるというわけではありません。まあできることと言えば、どんな仕事を与えられても一所懸命がんばるということでしょうか」――四半世紀、銀行員生活を経験したことがある私も、それはその通りだと思う。

銀行員は、メジャーリーガーとして活躍する大谷翔平選手のように天性の才能が賦与されているわけでもなく、また、伝統工芸の職人さんのように数十年かけてその道を極めるということでもない。確かに「特別に何ができるというわけでもない」というのは事実だろう。それもそのはずだ。会社に入ってから退職するまで、2～3年の周期でずっと人事異動を繰り返すのだ。しかも「ところ変われど仕事は変わらず」というわけではない。むしろ、これでもかこれでもかという具合に次々に新しい未経験の仕事に就けられる。

さらに、異動と転勤が交錯する。銀行業界では、「家を建てると必ず異動が出て地方転勤になる」とジンクスのように言われるが、実際はさすがに人事部もそこまで意地悪なわけではなく、要するにそれだけ転勤を伴う異動も頻繁だということだ。一般的には地方転勤は発令の前日に言われ、それから数日以内に着任しなければならない。海外赴任についても内示を受けてから概ね1か月程度以内で（こちらはビザの都合でもっと長くなるケースも多いが）海をわたる必要がある、しかも、家族帯同が原則だ。

仕事の中身も変わり、住む場所も変わり、そして家族もあり、といった状況下では、キャリアもへったくれもなく、その日その日を何とか切り抜けていくことで精一杯だ。

私は、銀行員はもっと自分の能力やキャリアに自信を持つべきだと思う。もともとポテンシャルが高い人材の集まりであるのは紛うことのない事実だ。その優秀な人材が一身を投げ打って様々な業務に取り組んできたのだ。その成果が必ずや今の自分に結実しているはずだ。

「銀行員って優秀だったんだなあ」――銀行を辞め、他の業態で仕事をするようになった者が、そろって口に出すボヤキともつかぬ言葉だ。特に部下を持つ身の管理職にとって、その思いは切実だ。銀行員時代の部下のレベルの高さは異業種に就いて初めてわかるもので、今の部下を見つつ「あの頃の部下がいてくれたらなあ」と心の中でつぶやく思いは複雑だ。

では、上司から見た銀行員は何が素晴らしいのだろうか。まずは何しろよく働くことだろう。何か仕事を頼めば、期限を言うまでもなく徹夜をしてでも翌日には何らかのものを出してくる。また、仮に仕事の指示をしなくても、次から次へといろいろと考え、先回りをして行動をする。わかりやすく言えば、朝早くから夜遅くまで空白の時間がないわけだ。これが特定の個人ではなく、あまねく銀行員のカルチャーであるところがすごい。

また次に言えるのは、銀行員はタテヨコがきちんと合うということだ（もちろん計算上の意味だけではないが、そこに限定しても、銀行員にとって計表作りの際にタテとヨコをダブルチェックするのが当然であるのに対して、世の中一般は必ずしもそのレベルにそろっているわけではなさそうだ）。

ここでのタテヨコの本旨は、全体を見て整合性が取れる考え方、説明ができるかということである。役所ほどではないと思うが、銀行で物事を進める際には、口頭、ペーパー、そして最後は稟議書という形で様々なチェックを受ける。このような過程を経て、言わば「理論武装」されていくわけだ。その結果、カッコよく表現すればロジックの一貫性が、俗っぽく言えば辻褄合わせのテクニックが、身に着くことになる。

この関連で少し脱線すると、仕事における文章力の大切さを痛感させられる。これも銀行から外に出た人が口をそろえることだが、「社内の文章レベルが低すぎる。部下が上げてくる書類を見ても何を言っているのかわからない。直し始めると全部直すことになるので、もはやお手上げだ」というわけだ。「文章は哲学だ」と言った有名な実業家がいたが、確かに文章にはすべてが内包される。書く人の意思、知識、論理性、それらのものの集大成であることに間違いはない。私自身、若い時のみならず、中間管理職になってからも上司には赤鉛筆（的なもの）でよく文を直された。正確には修文を通じて考え方やロジックを教えてもらっていたのだろうが。

いずれにせよ、銀行員は、次から次へと新しい環境に投げ込まれながら、よく働き、よく考え、切磋琢磨してきた自分の経験と実力をまずは信じるべきだ。そしてその上に、今後に活かせるスキルやキャリアを磨き重ねていくことが重要だ。

第4章

銀行員の転職実戦ノウハウ

本書の冒頭で、「銀行員とは、実は転職を前提とする職業なのだ」ということを申し上げた。さらにここまで、転職が不可欠だとすれば、過去の何を総括し、今後どのような軸を持って次の仕事を考えていけばいいのかということを考えてきた。だが、具体的に自分事として考え始めれば、「理屈はわかったし、考えはだいぶ整理された。だけどもう少しわかりやすいアドバイスはないのか？」というご指摘もあるかもしれない。

そこでこの章では、銀行員が日々の生活から具体的な転職に至るまでの過程において、留意すべき実践的なノウハウや知識をまとめてみた。いわゆる転職ノウハウ本の中で、一般的な留意事項については十分触れられていることを勘案し、ここでは特に、銀行員に関連して意識すべき事柄を考えてみたい。やや抽象的で迂遠なものから、実務的なものまで幅はあるが、いずれも銀行員の転職に際して、きっと役に立つに違いない知識である。

具体的には、「①転職の前に心がけるべきこと」「②転職活動のコアとなる人材紹介会社との付き合い方」「③転職活動全体のスケジュール感の持ち方」「④履歴書の作成と面接に際しての留意点」、以上の4点に関して考えてみる。

転職の前に心がけること① ネットワークの構築

転職はある日急に実現できるものではない。確かに思い立ってから、たまたますぐに転職となる事例があるかもしれない。しかし多くの場合、転職に至るまでの心情の背景には、常日頃の思考過程や行動様式の蓄積があるはずだ。それらもろもろの事前の準備があってこそ、転職ができるのだ。転職の成否は、このような普段からの心がけに大きく依存している。

①まずは取引先を人脈に変える

私自身、これまで数回の転職を経験しているが、一度も人材紹介会社の紹介によるものはない。人材紹介会社を経営する身で自己否定をしているようだが、転職で一番確実なのは、自分の個人的なつながりや人脈を通じたものだろう。第2章で転職の際に考えるべき事柄として「人の和」の重要性について触れた。そこでは、自分をサポートしてくれる人脈やネットワークが周りにあるかどうか、ある意味、自分の過去がそこに集約されているとも述べた。

つまり、転職は「会社を移る」という、その時点の現象だけで捉えるべきではなく、転職後の仕事の様々な展開や、さらには再転職に至るかもしれない自身のキャリア全体を視野に入れて考えるべきものなのだ。であれば、一生付き合ってもらえる可能性の高い自分自身の人脈を大切にして、そこを起点として転職活動をしていくべきだろう。

実際に転職に際して、個人的なネットワークは転職関連情報の収集や転職先の紹介という点において大きな意味を持つ。転職市場は新卒市場と異なり、情報が必ずしもあまねくオープンになっているわけではない。例えばある会社で、パフォーマンスが今ひとつであるマネージャーを交代させるために外部の人材を採用する時、会社のホームページ上で大々的に、「成績不振の○○マネージャーの交代要員を募集中」とは出せないだろう。知人の口コミや我々のような人材紹介会社を通じて、内々に人探しをするに違いない。転職市場における求人情報は、「知っている人だけが知っている」という情報の偏在があるのだ。そして、その中で生きた情報を集める強力なルートこそが、人的ネットワークなわけだ。

人的ネットワークの構築は一朝一夕にしてはできないので、普段からの心がけが極めて重要だ。その観点から見ると、銀行員はネットワークへの意識が一般的に低い。その理由は、一言で言えば「内輪の世界」で人間関係を終わらせてしまっているからだろう。

銀行の職場の人間関係は濃密だ。昼間の仕事は当然一緒。そして、昼飯も、飲みに行くのも、さらには週末のゴルフも一緒なのだ。その濃密な人間関係に飽きた頃には、人事部が次の職場へと異動を出してくれる。そして新たな濃密な人間関係を作り始めるわけだ。もちろん、時代の流れの中で従前より多少は淡泊にはなってきているだろう。しかしながら、本質的なところで人間関係のウエットさは変わっていない。

しかし銀行員は、実は人的ネットワークを作るには大変恵まれた境遇にいる。本人は気付いていないかもしれないが、多種多様な人々との接触が日々の生活を形作っている。そこは将来の役に立つ人脈の宝庫なのだ。ぜひ大事に育てていくべきだろう。

最初に大事にすべきルートは、日常の業務を通じて知り合う営業取引先だ。銀行には様々な仕事があるが、ほぼ全行員が経験するのは法人営業業務だ。具体的には融資の仕事である。世の中のどんな営業の仕事も、顧客とは一定の親密さを持つものの、銀行の法人営業の担当になった場合は、結果的に顧客と大変深い付き合いになる場合が多い。資金の提供を通じて企業の成長を助けたり、逆に生き残りをかけたリストラ策を講じたりという具合に、言わば生死をともにするからである。

一般的に銀行の法人営業担当は、数社から数十社の事業会社のアカウントを持つ。すべての企業と「生死をともにする」わけではないが、一般的には少なくとも数社は主力取引銀行として近しい関係にあるはずだ。ぜひこれらの会社のうち、1社でも2社でもいいから、言わば気持ちの通じ合う親密な先を作っておくべきだ。

決して「情実融資」をしろという意味ではない。ことが実現するかどうかは別として、常に相手の立場から何が役に立つのかということを真剣に考え続ければ、自ずと意は通じるものである。特に、相手が苦しい時に親身にサポートした場合は、先方の社内で後世まで言い伝えられ、ずっと残るものだ。

銀行は日常的に担当者が交代するが、一方の事業会社、特に財務・経理担当部門は専門色が強いこともあり、あまりメンバーが変わらず同じ陣容が長年続く。したがって、銀行員のほうが努力さえすれば、両者の人間関係は安定的に続きやすい環境にある。また、相手が中堅・中小企業であれば、仮にこちらが20代であろうとも、先方の社長や経営陣と対等に話ができる機会があるはずだ。先方の胸を借りるつもりで謙虚に付き合えば、必ずや先方も気に入ってくれるはずだ。

このような取引関係やその後の付き合いを通じてできた信頼関係は、そうそう崩れるものではない。将来において、会社と銀行という構図を離れても、いろいろな機会を与えてくれる可能性を秘めている。ぜひ大切にすべきネットワークだ。

ついでながら、銀行員と取引先に関する、なかなかいい話をひとつ。私の銀行員時代の後輩で、現在50歳の男性がいる。彼は銀行を辞めてメガバンク系の証券会社に入った。およそ30年前、彼は新入行員として関西の地方都市のある支店に配属され、そこで地場の洋品店を担当した。そこの二代目社長はまだ30歳代の新進気鋭、事業意欲に燃え、大型の投資を計画するが、メインの地銀他、ほとんどの銀行は相手にしてくれない。その後輩自身も上司の支店長からは冷たく言われる中、二代目社長の人物とその事業計画を信じ、周りを説得のうえ、貸出が実現した。そしてその際の店舗投資が弾みを付け、その洋品店は大いなる成長を遂げ、時価総額では老舗企業群を抑え、業界トップにまで躍り出た。大変な有名人となった社長は、超多忙な中でもその後輩の電話には必ず応答し、そしていつも「困ったらいつでもウチに来てくれ。一緒にやろう」と温かい言葉をかけてくれた。本人は40歳になった時、そのトップに電話をして社員となった。決して困っていたからではない。トップの言葉に応えるだけの実力を身に着けてから電話をしようと考えていたのだ。言うまでもなく彼は今、そこの幹部社員として大活躍をしている。

②先輩やOBは頼りになる

人的ネットワークで貴重なルートとして営業取引先に言及したが、その次に来るのは

「先輩」だろう。先輩にもいろいろあるが、具体的には、すでに転職した銀行の先輩と、学生時代のゼミや部活の先輩のことだ。

私が見てきた中で、20代～30歳前後の銀行員が転職する最大のルートは、人材紹介会社の利用だ。そしてその次に頼りになるのは、銀行を転職して他の会社で働いている先輩だ。なぜ頼れるかというと、キャリアや年格好が自分に近いということによる。このため、誰よりも自分の気持ちや置かれた状況をよく理解してくれているわけだ。その先輩自身も、いろいろ悩み考えたその試行錯誤の末に、現在の状況を選択しているはずだ。我がこととして親身になって相談に乗ってくれるに違いない。実際にも単なるアドバイスだけではなく、「自分の転職した会社に来ないか」という誘いもあるだろう。その先輩自身が人事権を持っていることはまずないだろうが、会社の人事部を紹介してもらえばいいのだ。会社としても未知数の人材を採るよりも、自社の社員がよく理解している気心の知れた人に来てもらうに越したことはないはずだ。

もうひとつの「先輩」は学生時代のゼミや部活についてだ。こちらはくどくどと説明するより、具体例を話したほうが早い。いずれもここ数年内に実際にあった例だ。

ひとつは、あるメガバンクに勤務していた35歳の男性の例。留学経験はないが、20代の後半から約5年間米国の支店に勤務し、国内に戻ってからは国際関係の本部に在籍していた。伸び悩む邦銀の国際業務に嫌気がさし、転職を考え始めていた時に、たまたまゼミのOB会で大手通信企業の企画セクションに勤務する先輩と隣り合わせになった。よもやま話の中で、先輩の会社の関連モバイル会社が国際部で人を探しているということがわかり、彼の紹介を得て先方に応募して、結局それから約2か月で内定に至った。

もうひとつは、29歳の男性の例。ある信託銀行に5年間勤務した後、外資系の生保に転職した。ところが、その生保が業務縮小のため、実質クビになり失業してしまった。その際、ある大手鉄鋼会社に勤務していた体育会の先輩が、後輩が失業しているという噂を聞いて連絡をくれ、同じく関係会社ではあるが財務系の仕事を紹介してくれた。こちらは失業中だったこともあり、何と1か月を経ずして入社まで至った。

学生時代のゼミや部活は、OB会的な催しが年に一度程度はあるはずだ（一般的には新年会が多いと思うが）。銀行に入った当初は顔を出していても、いったん地方に転勤したりして間が空くと、その後は途切れてしまいがちだ。恐らくOBの先輩たちは、それなりの会社のそれなりのポストにいるに違いない。ここは億劫がらずに、OB会にはこまめに出席してネットワークの維持を図っておくべきだろう。

転職の前に心がけること②　昼時間の活用

ビジネスランチでネットワークを作る

昼時間の活用と言えば、ビジネスランチがある。先ほどネットワーク構築の重要性を述べたが、ランチはそのための有効な手段でもある。職場環境が許す限りは活用すべきだ（例えば、支店の店頭業務では外に出ることは難しいだろう）。

「物を食べる」という行為は、その瞬間相手との壁をなくし、「場」の共有化が図れると言われている。実際に相手との距離感は大いに縮まる。人とのコミュニケーションを深め、ネットワークを作って行く際に、一緒に食べる時間を共有することは、最も有効な手段のひとつだろう。

30年ほど前のことだが、当時の職場の上司から「昼飯は同僚と食うな。ハンバーガーをかじりながらでもいいから、外の人と10分でも15分でも話をして情報を取れ」と言われたことがある。さすがにハンバーガーでは落ち着かないだろうが、誠にその通りだと思う。私は以来、今に至るまで基本的にそれを実行している（ちなみにその元上司は現在大学の先生になり経営学を教えている。相変わらず「ランチの効用」を説いているのだろうか）。

「夜は重くて」という相手も、ランチであれば結構気軽に応じてくれる。こちらから誘えば、相手によってはご馳走しなければならないだろうが、貴重な情報と人間関係が得られれば安いものだ。夜だと高くてなかなか行けないような店も、昼はリーズナブルな価格帯で利用できる。事前の予約が望ましいが、予約がなくとも12時数分前に入ればまず問題はない。我が国のサラリーマンは実に真面目だと思うのだが、会社から続々と昼に向かい始めるのはきっちり12時からだ。どんな繁盛店でも12時前はまず席に余裕がある。

相手が受けてくれたとしても、こちらの仕事繰りもある。また、「勉強」もしなくてはならない。それでも、仮に週のうち、2日をランチにあてるとしても、年間では100日である。10年間続ければ1000日、すなわち延べ1000人の人と、多少なりとも親密なコミュニケーションが図れる（時間が持てる）わけである。仕事のみならず自分が生きていくうえで助けられる、そんなネットワークが必ずや築けるはずだ。

人材紹介会社との付き合い方① 人材紹介会社の基礎知識

①転職の際は「絶対に」利用すべき

前節で「私はこれまで自分自身の転職で、人材紹介会社によるものはない」と言っておきながら、ここで人材紹介会社を「転職活動のキー」と位置付けるのはいささか手前みそと見えるかもしれない。しかしながら、正確には私は自分の過去の転職活動において「人材紹介会社によるものはない」と言っているだけで、人材紹介会社を利用したことがないわけでは決してない。むしろ私がこの業界に入るきっかけとなったのも、過去の転職時における人材紹介業界の人々との交流に始まっている。

転職市場に関しては、間違いなく人材紹介会社は圧倒的な情報量を持っている。市場全体に関する一般論もそうだし、個別の案件についても然りである。もし転職を考えるのであれば、絶対に人材紹介会社を利用すべきである。

特に銀行員の場合は、人事ローテーションの結果、幅広い業務キャリアを持っている。クールに言えば、これといった得意技がない一方、仕事の守備範囲は大変広いとも言える。したがって転職に際しては、営業職からスタッフ職まで選択肢は結構いろいろある。一方、選択肢があるということは悩みを伴うということでもある。仮にこれが電気機器メーカーの経理マンだったとしよう。転職を考える場合、職種としてはほぼ100％経理、そして業種的にも同業またはそれに近いところになるだろう。ターゲットは自ずと絞られている。人材紹介会社を使わずとも転職はスムーズにいく可能性は十分ある。

銀行員の場合は、なまじ汎用性があるがゆえに、前広に様々な情報をそろえたうえで判断していくことが必要になる。もちろん決め打ちはできるだろうが、自分の能力に自信があればこそ、客観的な情報、言い換えれば人材会社の活用が不可欠なプロセスになるに違いない。

とは言え、ネットで「転職」と検索すると瞬時に数百の人材紹介会社が姿を現すことからわかるように、この業界は玉石混交である。初めての転職であったり経験が少なければ、どのようにこれらの人材紹介会社を使えばいいのかわからないだろう。そこで次からは、人材紹介会社の活用方法について触れてみたい。

②お金を払うのは企業側。本人が払う必要はない

まず、意外に誤解が多い、基本的な知識について述べたい。それは、人材紹介会社が人材紹介の手数料を受け取るのは求人会社からであって、求職者からではないということだ（求職者から手数料を取るビジネスモデルで急伸した会社も例外的にあるので要注意）。

したがって、求職者はお金がかからないのだから、せいぜい人材紹介会社を利用したほうが得だ。最後まで利用するかどうかは別として、少なくとも情報源としては極めて貴重な存在なのだ。転職マーケット全般の動き、個別企業の求人情報、求職者の客観的な評価

などを知るには不可欠な存在である。利用するうえで何ら遠慮する必要はない。

③人材紹介会社は2つのタイプに分けられる

人材紹介会社と一口に言っても、ビジネスの形態に応じていくつかのタイプに分けられる。一般的には、概念上、求人企業に紹介をする人材の「探し方」に応じて、「サーチ（スカウト）型」と「登録型」の2つに分けられる。

「サーチ（スカウト）型」というのは、顧客からの求人依頼を受け、文字通り候補の人材を日本中から探し求めて、紹介する形態になる。どうやって探すかは企業秘密だが、形だけ言うと、今まで会ったことのない人材に、手紙やメールで「A社が貴方のような方を探しています。ご興味はありますか。一度お話をしませんか」とアプローチすることから始まる。迂遠なビジネスだ。大変な手間暇がかかる。逆に言えば、手間をかけるに値する人材を探すということだ。したがって、一般的には管理職以上のキーポストの場合に使われる手法だ。このタイプの人材紹介会社を「エグゼクティブ・サーチ・ファーム」と呼ぶのもこのためだ。

一方、「登録型」というのは、仕事を探している人がネット上の求職者サイトに自分を登録することから始まる形態だ。求職者サイトは、求人情報を持っている個々の人材紹介

■人材紹介会社のタイプ

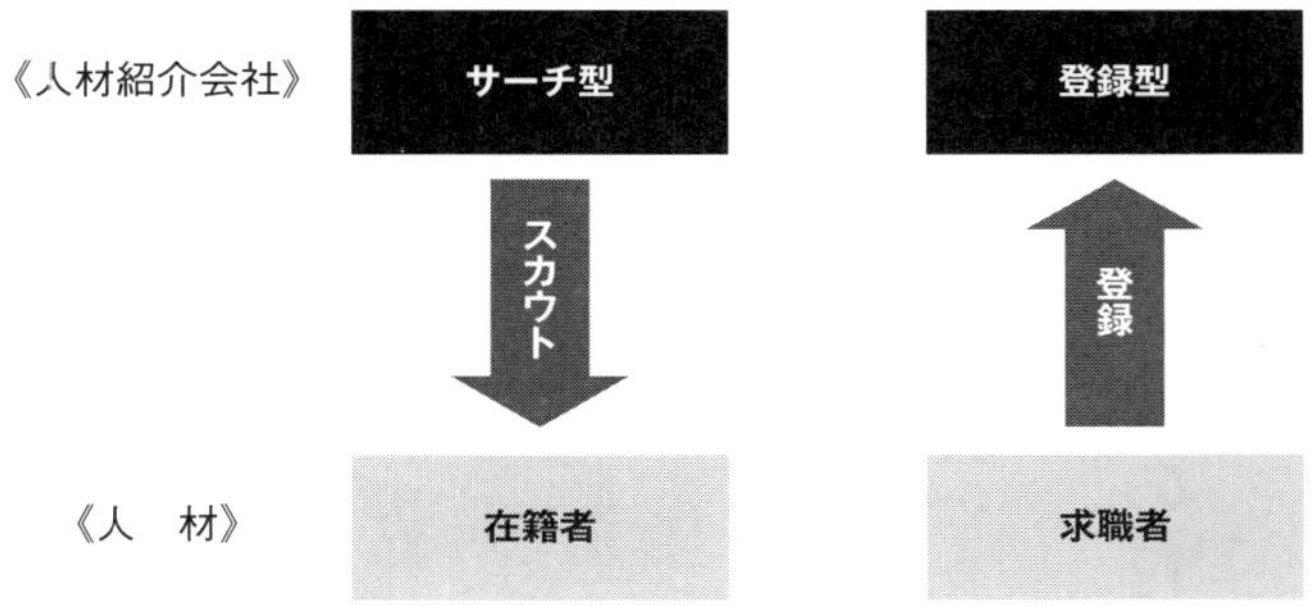

会社のホームページ上にもちろんあるが、最も利用されているのは、基本的に求人情報を持たない人材登録専門会社のものだ。このサイトでは、多くの人材紹介会社が契約に基づき求職者の匿名のプロフィールを見ることができるようになっている。これら人材紹介会社のコンサルタントは、匿名段階のこれら登録者情報を見て、自分（自社）の持っている求人ニーズに合致していると思えば、メール上でいわゆるスカウトメールを発出する。メールを見て興味ある仕事と感じれば、求職者はメールに返事を出して、人材会社との実名でのダイレクトな接触が始まる。

両者は似て非なるものだ。例えばビジネスの発端は、サーチ型が顧客の求人、すなわち人材の需要サイドから始まるのに対して、登録型は求職者の登録、すなわち供給サイドから始まる。サーチ型と異なり、登録者は自らの意思で転職を希望しているわけであり、言わば話は早い。言い換えれば、サーチ型が転職意思の有無にかかわらず声をかけるのに対して、登録型はその逆で、転職意思が顕在化している人たちに声をかけるわけである。

このため、結果的には登録型は中堅以下の若者の層の受け皿（職種）として機能しているのに対して、サーチ型は相対的に年収の高い「上級層」向けの求人を扱うことになる。前者がコモディティ型とすれば、後者はテーラーメード型である。

また、冒頭で述べたように、サーチ型と登録型という区分けは概念上のもので、実際にはその中間形態を中心に数多くの人材紹介会社が存在する。これらの会社は顧客の求人を受け、サーチだけでなく登録された人材のリストから紹介をしたり、逆に求職者からの依頼を受け求人企業を探したりと、機動的な対応を行なっている。もちろん、どのタイプの会社がいいとか悪いとかはではなく、自分のニーズに合ったところを使えばいい。さらに言えば、ひとつだけ選ぶ決まりはないので、すべてを使ってもいいわけだ。

人材紹介会社との付き合い方②　サーチ型と登録型の特徴

①情報を取るなら登録型

登録型の会社は、物量作戦で大量の求人を抱えており、マーケット全体の動き、例えば最近求人が増えてきた業種や職種を知ることができる。また、量をこなすために、まずは求人と求職者の形式的な要件をＩＴシステムを用いてマッチングさせる。このため、登録すれば恐らくすぐにもいくつかの求人企業が紹介されると思う。その会社が本人の志向に合うか否かはわからないが、少なくとも第三者が見た外形上のキャラクターはマッチしているわけだ。こうして、世の中一般の動き、そしてその中で自分が客観的（形式的）にはどのように見えるかという貴重な情報を手に入れることができる。

②非公開案件はサーチ型

一方、サーチ型は、まずは求人があって、しかも一般的には公開されていない案件を企業から依頼されたところからビジネスが始まる。人材の確保も、先ほど述べたように基本的には会社独自のネットワークを使う。したがって、求職者から見れば、登録型のように自らネットに登録して連絡を待っていればいいというわけではない。

では、どうすればいいのか。漫然とスカウトされるのを待っていても仕方ない。一番確実なのは、サーチ型人材紹介会社を使った経験のある知人・友人に、その際のコンサルタントを紹介してもらうことだ。そうでない場合も、ネットで「エグゼクティブサーチ」と

■人材紹介ビジネスの主要企業

サーチ型	登録型	外資系
AIMSインターナショナルジャパン	リクルートキャリア	日本コーン・フェリー・インターナショナル
東京エグゼクティブ・サーチ	パーソルキャリア	エゴンゼンダーインターナショナル
ケンブリッジ・リサーチ研究所	ジェイエイシーリクルートメント	ラッセル・レイノルズ
テクノブレーン	パソナキャリア	スペンサースチュアート
イーストウエストコンサルティング	マイナビ	
シグニアムインターナショナル	MS－Japan	
オプティアパートナーズ	A．ヒューマン	

注）・サーチ型と登録型の厳密な区分は難しいことから、どちらを中心にしているかに応じて記載した
・外資系はすべてサーチ型
・登録型企業は、派遣業務が主体の企業もあるが、人材紹介売上高が大きい会社はここに含めた

検索すれば数十社は出てくる。その中のいくつかに登録して「面談希望」としておけば、先方よりコンタクトがある。もし何もコンタクトがなければ、会社に電話をかけて「相談したい」と言えば必ずやコンサルタントが話をする。

サーチファームのコンサルタントは、一般的にクセのある人が多いが、親身になって相談に乗ってくれる。職人気質なのだ。単なるマーケット情報や求人の話だけでなく、求職者の立場から、これからどう進んだらいいか望ましいキャリアのアドバイスが受けられる。だからこそ「コンサルタント」と呼ばれるのだ。

一般的には、情報量の豊富さは何と言っても登録型の大手企業だが、求職者に対す

るきめ細かいフォローという意味では、むしろサーチ型のような小さいところのほうが明らかに親切だ。その辺りのバランスは、求職者の置かれた状況に応じてケースバイケースで考えるべきだろう。

人材紹介会社との付き合い方③　コンサルティングの実際

①コンサルティングは過去の共有から始まる

具体的な求人のニーズがあってもなくても、求職者が人材コンサルタントと話をする際には、職歴だけでなく、言わば自分のこれまでの人生すべてを説明することから始まる。基本的には履歴書に沿った形での会話となる。

一般的に、日系企業向けの履歴書が過去から時系列に沿って記載されるのに対して、外資系企業向けの履歴書の場合は直近から遡る形になる。日系企業が求職者の過去から今日に至る職歴の中から、その人の意識・姿勢を見ようとするのに対して、外資系企業は求職者がまずは今何ができるかを認識しようということなのだろう。「経緯」「心情」を重視する日系に対して、「結果」「行為」を重視する外資という構図は、社員に求める職業観についての彼らの哲学の差を如実に示している。

銀行員は、受験競争を勝ち抜いた優等生が多いため、過去の歴史を語るとすると、まずは中学・高校から大学に至るまでのサクセスストーリーから始まる。確かに勉強だけでなくスポーツでも「県大会で優勝」とか文武両道の人物が結構いるのは事実だ。続いては、同じく、就職の勝ち組たる銀行に内定するまでのドキュメントだろう。「最初はA銀行より B銀行を志望していたが、リクルーターや面接官と話をしているうちにA銀行の行風のよさを感じ、結局そちらにした」など。

ここまでは順調な歴史だが、銀行に入った直後からトーンは変わってくる。まずほぼ全員が口にするのは、銀行に入って最初に配属された店での苦い思い出だ。理不尽な上司、弱いものいじめをする先輩、何の意味があるのかわからない形式だけの仕事、毎回強要される酒の席での宴会芸……。優等生としての過去の栄光を真っ向から否定される精神的ショックは大きい。誰もが通り過ぎる社会への通過点とポジティブに考える人、トラウマとなって、そこから立ち直れない人、語られるストーリーは様々だ。だが、この社会人としての強烈な原体験が、後の転職を考えるに至る原因のひとつになっていることは否めない。

②能力の見極めはしっかりやっている

コンサルティングは、当然、愚痴を聞きながら人生相談に乗って終わるわけではない。面談の前半は「これまで何の仕事をしてきたのか。そして何ができるのか」が本題だ。前述したように、銀行の場合、まずは人事異動による部署の動きを見れば、その人が銀行でどのレベルの評価を得ていたのかは推測できる。「A支店からB部ということは、支店の成績がよかったのだな」「C部から昇格せずに代理職のままD支店に横滑りしたところを見ると、本部スタッフの仕事は苦手なのだな」といった具合だ。また、会話を通じて、当然ながらコミュニケーション能力は確認されるが、それ以上に思考力や論理性など、かなりの部分までコンサルタントは見極めている。要するに、どのレベルの人材であるか判断しているわけである。

これは別に意地悪でやっているわけではなく、適材適所となる人材を企業に紹介することこそが双方からの信頼を得る最大のポイントだからだ。企業側のニーズに対して期待を下回る人材を紹介すれば（恐らく面接は落ちるだろうが）、紹介したこと自体が不信を招く。逆に、人材の能力に不釣り合いな軽いポストを紹介すれば、候補者から不信感を持たれるだろう。人材の能力水準を見極めるということは、コンサルタントにとって大変クリティカルなことなのだ。

③退職理由はかなり重要

面談の後半は「どうして仕事を変わりたいのか」「そして今後は何をしたいのか」という話題に移っていく。この2つは当然ながら相互に関連している。仕事を変わりたいと思う原因がまずあり、その原因を言わば「除去」するために転職をするわけだからだ。原因と結果の関係である。したがって、転職を希望する理由や、過去に転職歴があればその経緯を確認することは、その人の意識・姿勢を知り、今後のキャリアを考えていくうえで、コンサルタントにとって大変重要なことなのだ。また、実際に採用面接の際も企業側が最も気にすることのひとつである。

「どうして転職を考えているのですか」とか「過去に転職歴がありますが、どうしてその時は転職をしたのですか」と尋ねると、ほとんどの人は仕事内容や人間関係、そして会社（銀行）の将来性についての不満やネガティブな認識をあげつらう。現状に満足していたら転職を考える必要はあまりないわけだから、不満が原因になるのは当然だろう。だが、会社や職場への不満を指摘するだけでは、説得力のある転職理由にはならない。程度の差こそあれ、誰しも職場や会社への不満はあるわけで、問題はその不満の原因をきちんと整理して、それにどう対処してきたかということだ。

例えば銀行であれば、国際業務を志望して入行したのにもかかわらず、3つの支店を回されただけで、一向に本店の国際関連部署に配属される気配はない。日々の次元の低い（と感じられる）ルーティーン業務に埋没してしまい、浮かび出るチャンスもなさそうだ。悶々とした生活の中で、とにかく転職をすれば世界が広がるのではないかという思いだけが募ってくる。さてどうしようか。

仮にこの状態で他社にトライしてもなかなか難しいだろう。きれいごとに聞こえるだろうが、まずは現在の職場できちんと仕事をこなし、評価を獲得することだ。目の前の仕事ができない人にチャンスは来ない。そして、次に勉強をすることだ。国際業務をしたいのであれば、まずは英語のレベルを徹底して引き上げる。このような自助努力の事実を重ねたうえで、行内留学生試験であれ、職務公募制であれ、意思のアピールをすればよい。それでも一向に想いが通じない場合に、そこで初めて不満を言う権利が生じ、転職を考える理由が認められることになるのだ。

④コンサルタントは商売下手のほうがいい

人材紹介会社に登録したり、コンタクトを取ってしばらく待ったりしていれば、先方のコンサルタントから連絡があり、以上のような会話が始まるに違いない。ところでこの場合、コンサルタントについては、自分で自由に選べるというわけではない。しかし、もし選べるのであれば、相談するコンサルタントのタイプとしては、むしろ商売下手のほうがいいかもしれない。

この仕事は候補者が入社して、初めて（その年収に比例した金額の）手数料が入ることになる。したがって何はともあれ、より高い年収の人を数多く入社まで持っていったコンサルタントが一番のやり手になるわけだ。世の営業マン全般に通じることだが、相手の気持ちを考えることはもちろん「いの一番」である一方、あまり真剣に考え過ぎると物事は進まないという事実もある。ある程度の見切りは必要だ。その点において、「就職」という本人とって一生にかかわる大変重要な事柄を扱うには、相手のことを時として「考え過ぎる」くらいのコンサルタントのほうがいいだろう。先ほどの例で言えば、「候補者の過去と人生を共有する」くらいの熱い情熱が信頼を生むに違いない。

一方、世の中には「これはどうかな」と思わせるコンサルタントもいる。代表選手は、年齢、学歴、経験業務年数など、言わば外形標準上の基準がある程度合えば、本人の意思はどうあれ、押しまくって入社まで強引に持って行くコンサルタントがそれだ。要するにプッシュ営業である。本来、人材紹介は求人会社の経営内容や人材に関する考え方をよく理解したうえで進めるべきものだ。にもかかわらず、例えば会社のホームページ上の求人情報をさっとなめただけで、求職者につないで会社に売り込みを図るケースがままある。

コンサルティングも何もない。単なる「字面合わせ」に過ぎない。こちらの話や希望を聞かず、一方的に会社を紹介してくるようなコンサルタントは要注意だ。

⑤初物には福がある

実際によくある話だが、思い悩んだ末、転職を決意して人材紹介会社に飛び込んだとする。そこで担当のコンサルタントから最初に紹介された会社に履歴書を提出し、面接も順調に進み、気付いたら内定が出た。諸条件も決まり、さて入社日をいつにするかというところ。万事うまくいっているわけだが、ここで一瞬立ち止まり躊躇する人が結構いる。

理由は、「うまく行き過ぎで気持ちが悪い。転職はこんなに簡単ではないはずだ」というもの。さらに、「最初でこうなのだから、もう少しやってみればもっといい会社、いい条件があるに違いない」ということになる。確かにトライしてみて最初より満足度の高い会社に決まることもある。決まらないこともある。得てして決まらないことのほうが多い。

転職にビギナーズラックはない。会社との面接で初々しさが気に入られるのは、学生の場合だけだ。社会人に望まれるのは、キャリアと能力だけ。ではなぜ最初にトライした会社が、結果的に一番いい会社だったということがままあるのか。それは、人材紹介会社のコンサルタントの直感は鋭いということだ。もちろん、直感で会社を推薦しているわけではない。過去のキャリア、能力、年収、それに本人の希望など様々な要素を勘案して会社を紹介する。しかし、長年この仕事をしていると、会った瞬間に頭にひらめくものがあるのだ。そして、それは結構正しい。直感の中にコンサルタントの過去の知恵が秘められているということだろう。

これと「似て非なる」現象があるので注意を要する。それはネットなどで派手に人を募集している会社に直接応募し、面接を受けたところ、その日にも内定が出てしまったというケースだ。その日のうちというのはやや極端だが、要するに入るのが簡単な会社は要注意ということだ。

入り口が広い会社には、いくつかその理由がある。ひとつは、退職者が多く、常に人を採り続けないと回らない場合だ。なぜ退職者が多いかというと、仕事が物理的または精神的にハードだからだ。オーナー企業の場合は、それに加えて、オーナーや一族のワンマンがあるかもしれない。そうなると、入ったはいいが、すぐに自分も辞めたくなる、または辞めざるを得なくなる可能性が高い。

2つ目は、経営がいい加減な場合だ。人の採用というのは、普通数億円の投資と言われるくらい重いものだ。だからこそ、採用に際しては何人もの人が面接をし、慎重なうえにも慎重を期すわけだ。実際、中堅・中小企業においては、1人の採用であっても、その人件費の負担は会社の損益を大きく左右する。それに対して「まあダメならクビにすればいいや」という安易な気持ちで人を採用する会社が世の中には結構あるのだ。法律も社会性も何のその、ということだ。人に安易ということは、仕事全般にも安易になりがちだ。結局、入ったものの、ちょっとしたことでクビを切られる、または会社自身の経営がおかしくなるというわけだ。

結構すんなりと決まったとしても、その背景にあるものをよく考えたほうがいい。「初物には福がある」ケースなのか、「単に安易な採用」だったのかだ。似て非なるものの見極めこそ大切だ。

転職までのスケジュール① どれだけ時間をかけるか

「転職ノウハウ」という割には地味な表題と感じられるだろう。またはあまりにも具体的過ぎると感じるかもしれない。実際にこれまで何度か転職を経験してきている人にとっては、言葉に出すまでもなく、身を持ってそのリズム感が体得されているかもしれない。

自分の心の中に何となく「そんな気持ち」がムラムラと起こってきてから、どんなプロセスで、どの程度の時間軸を持って対応していいかが感覚としてわかっているだろう。

一方、これから初めて転職をしようという人にとっては、何からどう始めていいかわからない。特に時間の軸をどのように設定して考えていくべきかについては見当もつかないだろう。そこでここからは、転職を考え始めてから実際に動くまでのポイントを、時点ごとの留意点について述べてみたい。

①構想1年、実行6か月

銀行員の場合「転職は2回目以降クセになる」と前の章で述べたが、言い換えると、最初の転職はまったくその逆ということだ。どうしようか、どうしようかと悩んだ末、そしてまた悩んでしまうといった感じだ。後で考えれば「どうせその後に転職が続いたのだから、あそこまで悩む必要はなかったな」と思うだろうが、その時点ではわからない。

だからといって「どうせ早晩辞めるのだから適当に決めておけ」ということではもちろんない。言うまでもなく、転職したくなったからといって、すぐに知人に「どこか紹介してほしい」と頼んでみたり、いきなり人材紹介会社に登録してみたりといった急な行動はしないほうがいい。拙速はいかなる場合もいい結果を及ぼさない。

■転職に至る大まかなスケジュール

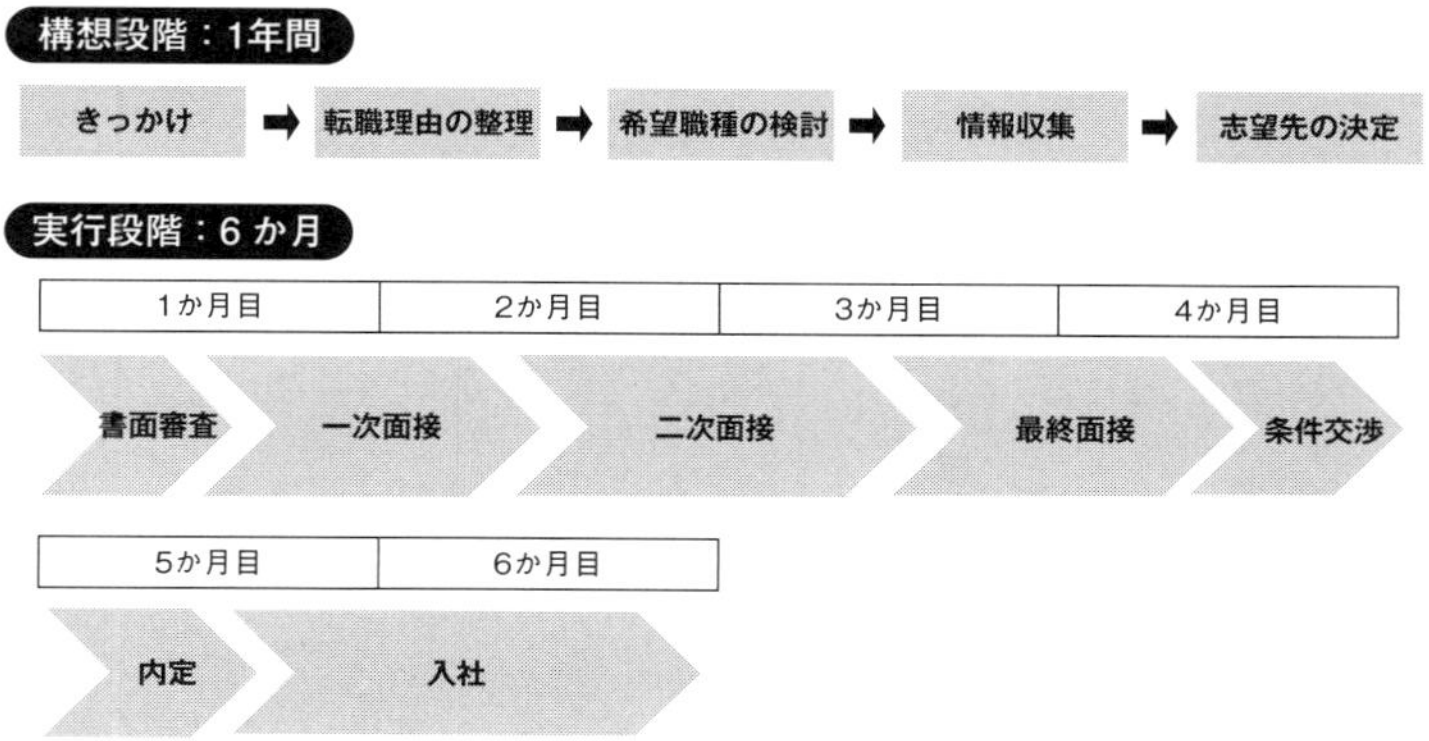

銀行員は、一般的に2～3年ごとにローテーション異動がある。したがって、異動をまたいでバタバタとするよりは、むしろそのローテーションを利用して、言わば間氷期（氷河期と氷河期の間）である異動後の2年間程度を転職のターゲット期間として活動するのが現実的だろう。結論から言うと「構想1年・実行6か月」だ。間氷期を利用して、悩み始めてから最大1年程度で結論を出し、行動に移してからは6か月程度を目処に転職まで持っていくということだ。

②なぜ構想に「1年」をかけるのか？

「構想」に1年と聞くと「長い！」と感じるかもしれない。しかし、例えば上司の「君は理屈っぽいな。理屈だけでは飯は食えないんだよ」といった一言から、それをきっかけとして何とはなしに物事を考え始めたとする。それに続いて「もしかして自分は今の仕事が向いてないのかもしれない」「一度の人生、もう一度他の仕事にチャレンジしてみよう」「次は小さくても自分の意見が通る会社がいいな」「先輩の情報によると、あの会社は将来性もあるし雰囲気もいいらしい」という様々な思いの変遷を経て、およその転職業種や企業への想像をふくらませ固まってくるのに、1年間という時間は決して短くはない。

私が知る限り、転職が失敗に至る最も多い原因は「転職のための転職」をしてしまうからだ。要するに、今やっている仕事が何となく不満で、半ば衝動的に、これといったやりたい仕事があるわけでもないのに何となく転職してしまうという場合だ。転職は人生の一大事だ。来し方行く末を考えることに時間をかけてもいいだろう。

③実行は「6か月」でも厳しい

さて、構想1年の次は「実行」の6か月だ。これも長いと感じるだろうか。事実は最短と考えたほうがいい。

例えば、今日、自分の履歴書を直接、または人材紹介会社経由で希望先の会社に送ったとする。いわゆる書面審査だ。早くて数日、平均して1~2週間の時間を要する。そこで書面審査を通過して面接に進むとする。現役であれば普通は日程を調整していると、やはり2~3週間はかかってしまう（ここまで通算約1か月）。そして面接の結果待ちが1~2週間、合格すると二次面接へ（同2か月）。ここでも同じく日程調整と結果待ちで約1か月が経過する。二次面接合格。これで終わる場合もある（同3か月）。しかし一般的には、社長または役員の最終面接になる。ここで同じく1か月（同4か月）。

後は事務的に述べると、入社の条件交渉2週間、社内稟議1週間、オファーレターの発出とアクセプトで1週間。これで内定（同5か月）。会社に対する退職打診とそれに対する会社側の（一応の）慰留が2週間。退職合意後、実際の退職まで1か月（同6か月強）。

しかも、これは最初の1社で決まった場合である。ある程度は並行して複数の会社をトライするにしても、そうそう簡単には決まらない。数か月かけて面接を進めてきた会社に最終で落ちるというケースもままある。銀行の新卒採用は、恐らく最初に面接を受けてから早ければ3~4日、長くても1週間で結果が出ていただろう。それとはまったく様相を異にする。要するに、転職の実行段階は結構時間がかかるということだ。

「時間がかかってもいいではないか」という意見もあろう。しかし、経験すればわかるが、転職活動は心身ともに大変な消耗をするものだ。1年も2年もかけて続けると、仮にどこかに転職したとしても、抜け殻のようにすでに戦意を喪失してしまっていることも考えられる。半年から1年をかけて活動してみて、なかなか希望の先に決まらない場合は、しばらく休止して英気を養ったうえで再開するという選択もあるだろう。

結論を繰り返して言えば、転職を決断するのに数年にわたりウジウジと悩むのは生産的ではないが、だからといって思い付いてすぐという拙速も避けるべきだ。ある程度じっくり考える必要がある。一方、行動に移してからは、新卒採用と異なり、決定までに相当の時間を要することから、機敏で迅速な対応が必要だ。「構想はじっくりと、実行は迅速に」が基本だ。

転職までのスケジュール② 惜しまれる時がベスト

退職の場面は人によって様々だ。職場の社員が全員集まり、花束と拍手で送るシーンは誰が見ても心に温かいものが残る。寿退社や定年退職に象徴される円満退社は、日本の企業社会の美学だ。反対に、誰と言葉を交わすわけでもなく、机に残った最後の荷物を鞄に詰め込み、足早に去っていく姿は、理由は何にせよ見たくない場面だろう。

「石もて追われるがごとき」退職はやはりみじめで嫌だし、せっかくの人間関係がそこで切れてしまうのは誠に残念だ。こうして見ると去り際は難しい。転職をどのタイミングで決断すべきかは大変悩ましい問題だ。

結論から言うと、転職は惜しまれてするのがベストだ。なぜかと言うと、惜しまれるほどの人物や評価でない限り、満足できる転職先は見つからないからだ。銀行員はいろいろな職場を移っていくが、各職場において自分が評価・信頼されているかそうでないかについては、結構わかるものだ。そして高く評価されているタイミングこそが、恐らく第三者から見ても「脂の乗っている」と感じられる時期だ。自ずと余裕もあり、面接でもそれが人間の幅や高いポテンシャルと認識され、好循環を生む。そのようなタイミングでの退職は、後ろ髪を引かれる思いがするだろう。しかし転職のタイミングはこれが一番正しい。

ちなみに外資系企業では、入社したその日から次の転職を考え始めると言われている。誇張を感じるかもしれないが、何人かの知人に聞いたところ「入社した日に限らず24時間365日、少なくとも頭の片隅ではずっと考えざるを得ないのが外資だ」とのこと。そんな緊張状態も慣れてくると程よい刺激なのかもしれない。

転職までのスケジュール③ 退職願をいつ出すべきか

退職を心に決めたとして、それをいつどのように会社に対して言い出せばいいかという問題が残る。この点に関して、世の中の一般的なパターンは2つある。

ひとつは会社に退職の意思を伝え、実際に退職してから求職活動をする場合。そしてもうひとつは、内定書をもらった段階で、初めて会社に退職の意思を伝える場合だ。普通に考えれば、内定も出ない段階で退職を言い出すのはリスキーだ。結局、内定がもらえなかった場合、「もとい」にできるわけもなく窮地に追いやられること必至だ。

このようなリスキーなパターンを選択する理由は様々だ。「自分はそんなに器用ではないので、今の立場を先にすっきりさせてから就職活動に望みたい」「一刻も早く今の仕事から足を洗いたい。たとえすぐに再就職できなくてもかまわない」といった気持ちから発する場合。この両者でうまくいく共通の条件は、たとえ無職・無収入になっても、しばらくはやっていけるだけの経済的な余裕があるということだ。また、物理的に海外または地方で仕事をしていて、実際の転職活動がままならないケースもあろう。理由はどうあれ、新職への内定前に旧職を辞めるということは、退路を断ち緊張感を高めるという精神面でのメリット(?)以外はあまりポジティブな理由は見当たらない。普通に考えれば退職が先行するのは圧倒的に不利だ。

採用面接は、実際に面接する側に立ってみるとわかるが、必死の形相で迫られると返って引いてしまうものだ。「この人はもはやウチしかないのだろうか。確かに人間の幅に欠けるかもしれない」といった具合だ。そもそも、転職を希望する人材には何かしらの怪しげな理由があるのではないかと疑っている人たちだ。こうなると「貧すれば鈍す」の悪循環に陥る。

これに対して、現職をキープしたうえで面接に臨む場合には、良きにつけ悪しきにつけ余裕がある。繰り返しになるが、ふんぞり返って話さない限り、この余裕は傲慢とは受け取られず、ポテンシャルの高さと認識されるはずだ。多少受け答えを間違っても、先方はいいほうに解釈してくれる。環境が許す限りは、次が決まる前に辞表を出すのはやめたほうがいい。ほとんど得るものはない。最初にオファーレター、次に退職願の順だ。

そして、いずれの場合でも、退職理由に銀行や前の会社の悪口を言ってはダメだ。百害あって一利なし。前職とは転職後も大切なお客さんとしてお付き合いをする可能性が大いにある。退職希望の理由は「新たな仕事にチャレンジしたい。自分をここまで育ててくれた銀行（会社）には感謝しているが、ここはわがままを聞いてほしい」。これしかない。

応募書類と面接①　履歴書と職務経歴書の留意点

本章ではここまで、「ネットワークの構築方法→人材紹介会社の利用の仕方→スケジュール感の持ち方」という順序で、銀行員にとってポイントとなる転職ノウハウを見てきた。最後に、実際の転職活動で最も「キモ」となる履歴書と面接について触れたい。

①銀行員でも履歴書で5割は落ちる

まず、履歴書についてだ。中途採用は、履歴書の段階で半分以上決まっており、残りの部分を面接で確認すると言われている（さらに面接については、最初の数秒間で概ねの心証が形成されるという説もあるが）。実際にも、履歴書の段階で選考から落ちるケースがかなりある。会社により、時期により、何とも言えないが、少なくともこの数年間を見る限り、履歴書がパスする比率は平均して3～4割程度だ。人不足の時代であっても企業は安易な妥協はしない。一般的に銀行員は、信用面、能力面で評価を得ているので書類審査の通過率は相対的には高いが、それでも通過率は5割程度だろう。「たかが履歴書」と言うなかれ、である。

もちろん採用側は、履歴書の内容だけを見て判断するわけではない。履歴書に示された職歴を通じて、その人は何ができるか、得意な仕事は何か、そしてその会社（銀行）ではどの程度の位置付けかなどを、想像をたくましくして考えるわけだ。新卒採用の履歴書と異なり「職歴」があることから、かなり真実に迫れる。履歴書で重要なのは美しく飾ることではなく、その「真実」をいかに相手に知ってもらうかなのだ。そのためには相手が興味を持つ読みやすい内容にすることも大切だ。

②職務経歴書は「具体的に」「極力数字で」

履歴書と一口に言っても、文字通りの履歴書から始まり、職務経歴書、さらに業務実績や志望動機を別書きにしたものまで様々だ。会社や人により内容は異なるが、基本になるのは履歴書と職務経歴書の2つ。この両者を合わせて同じ紙に書く人もいるが、特に転職歴がある場合などは、会社歴と職務歴が錯綜してわかりにくくなるので、分けて作ったほうが無難だ。

履歴書には、言わば「通り一遍」のことを書けばいいので問題はないが、職務経歴書には工夫が必要だ。特に銀行の場合は、組織立てや名称が他の業種と異なり特殊な面があるので、単に所属した部署名を順番に並べるだけでなく、どんなポジションで何をしたかということを具体的に記載することが重要だ。

例えばメガバンクでは「本店営業第15部部長代理」という肩書はごく普通だろうが、世間一般の人はわけがわからないに違いない。普通、この部名と肩書きからわかることは

「この銀行には営業部が少なくとも15はあってすごい数だな」「この人は『代理』ということは、部長より偉いということはないのだな」というレベルだろう。

外から見て仕事の内容のわからない「第○○部」という「数」を組織名に未だに使う銀行の発想もすごいが、「○○代理」という偉いのかそうでないのか、どのくらいの責任があるのか、よくわからない肩書を使う内向きな感覚も「ウーン」と唸らざるを得ない。

いずれにせよ、この場合にきちんと書くべきことは、部としてはどの業種や産業、地域を所管しており、その中で自分は何を担当しているのかだ。担当社数、貸出残高、部下や指導すべき後輩がいればその人数。要するに、どの程度の仕事のスパンであるかを語らなければならない。いわゆるアカウンタビリティだ。

次に書くのはトラックレコード、すなわちどんな成果を挙げたかだ。銀行員の書く履歴書・職務経歴書は、一般的に「どこにいてどんな仕事をしたか」までは書かれるが、そこで「どんな実績を挙げたか」については抜けている場合が多い。ローテーション人事の弊害かもしれないが、異動してステータスの高い部署に行くこと自体が目的化しており、そこで何をするかは視野からやや外れてしまっているようだ。

これは実に本末転倒である。採用する側から見れば、言うまでもなく顕在化した能力で判断したいにもかかわらずだ。そのためには、どこにいたかもさることながら「何をしたか」が関心事だ。「どこどこの会社を担当して○○億円の債権流動化案件を仕上げた」とか、もっとプリミティブに「2年半の在籍中に○○社の新規営業取引を開始し、貸出残高で○○億円、収益で○○百万円稼いだ」でもいいのだ。自分のやったことを知ってもらうという観点から作る。

以上では、たまたま「本店営業第15部部長代理」なる架空の部で説明をしたが、銀行の場合は基本的に他の部店においても同じだ。スタッフ部門は異なるのではという指摘もあろうが、仕事のスパンと部下（いればの場合）のマネージというアカウンタビリティの要素を丁寧に説明する必要がある。

まとめれば、職務経歴書のポイントは、「より具体的に」「極力数字で」示すということだ。銀行の日常で設定される目標管理制度上の「成果」の記載と考えれば、それほど違和感なくできるに違いない。

③履歴書は長すぎると引かれてしまう

論述式の試験の解答を見ると、その人の性格はよくわかる。制限字数のギリギリまで埋めて書く人と、いくら回答欄があまろうと、自分が書きたいことを書けばそれでおしまいにしてしまう人がある。履歴書（職務経歴書を含む）も同様だ。字数制限がないので、むしろその差がもっと大きく表れるかもしれない。転職回数が多ければ、言い換えれば、人生経験が豊富であれば、語るべき過去が増えるのも当然だが、自分の過去を小説よろしく10枚以上の紙数で書く人が実際にいる。勉強好きで試験好きの銀行員に多いパターンだ。

しかし、これはまったくの逆効果だ。まず長々と書くと、読むほうの集中力が続かない。場合によっては読む前から結論を出してしまうかもしれない。仕事だから当然ではあるが、採用する側はものすごい数の履歴書を読む。全員と面接をする時間的な余裕はないので、そこである程度選択せざるを得ない。しかしながら、何とかいい人材を見つけてやろうという思いは強い。したがって、気持ちを集中して書類を見るわけだ。そこにダラダラと自己ピーアールの続く履歴書があったとすれば、「引いて」しまうのは当然だろう。

要するに、履歴書は読む側の気持ちをよく考えて作らなければいけないということだ。相手は何を知りたいのか、どこに関心を持っているのか、そして相手の状況も考えなければいけない。

特に銀行員は、繰り返しになるが、能力や信用力については世間一般において、ある程度の信頼を持たれている。したがって、多すぎる情報、すなわち長すぎる履歴書は、理解を深めるというよりは冗長なイメージが強く残ってしまい逆効果だ。簡潔にポイントを突くのが一番だ。

結論をまとめると、次の通りだ。まず長さや紙数（A4での換算）については、履歴書で1～2枚、職務経歴書で2～3枚程度だろう。合わせて5枚を超えると「読むのが大変」という感覚を相手が持ってしまうに違いない。逆に職歴が少なくて「書くことがない」場合でも、職務経歴書1枚は寂しい。やはり2枚は必要だ。場合によっては、履歴書と別々にせず一緒にして「ふくらませる」というのもあるかもしれない。

長さには直接は関係ないが、文字を詰めて書くのもやめたほうがいい。これも銀行員の履歴書で時折見かけるが、見事に紙を字で埋め尽くしてくる。ひとつの職歴ごとに1行空けることは言うまでもなく、適宜段落を変える、箇条書き中心にするなどの工夫が必要だ。学生ならいざ知らず、仕事で人に物事を伝えるということの重要性を知っているはずの社会人が、相手から見てわかりにくい書類を作るということは、そもそもの意識や姿勢を問われてしまう。

④美しくなくてもキッチリと

字に余程の自信がない限り、手書きはやめたほうがいい。実際に、たまに万年筆で達筆な履歴書を書いてご丁寧にコピーをＰＤＦにして送ってくる人がいる。当然字はうまいわけだが、それでも受け取るほうはいろいろ考える。「今どきパソコンが苦手なのだろうか」「内容を字でごまかそうとしているのだろうか」「アピールすべき点はもっと違うところにあるのでは」といった具合だ。要するに、必ずしもポジティブな印象を与えるわけではないということだ。ここで変にこだわる必要はない。好みの問題もあろうが、少なくとも相当字がうまくない限り、もしくは応募先が手書きを要求しているような場合でなければ、手書きの履歴書はやめたほうが無難だ。

字とは離れるが、下手な顔写真も貼らないほうがいい。応募先が写真添付を指定してきている場合は当然必要だが、ネットでの履歴書のやりとりが一般化している中、少なくとも最初の段階から顔社員を必要とするケースは稀だ。

にもかかわらず、たまにＰＤＦで顔写真を履歴書に付けている場合がある。しかも、もしかしたらインスタント写真で撮ったのではと思われるレベルの場合もある。恐らく印象付けようという狙いかと思うが、結構リスキーだ。というのは、たとえ写真上であっても顔は相手の心証を大きく形成する。特に写真の場合、陰影の関係だろうか「この人は性格が暗そうだ」「神経質そうだ」といった線の細さにつながる印象を受けるケースが多い。

さすがに、履歴書の写真のイメージだけで書類選考から落ちることはないだろうが、人事部を含め事前に履歴書を見た面接者が、そういう先入観を持って面接に臨んでしまう可能性を排除できない。だからといって新卒の女子大生のように、プロの写真家に面接用の写真を撮ってもらえばいいと言っているわけではない（時々転職活動中の男性でもいるが）。

言うまでもなく、履歴書は要は中身なのだ。わかりやすく作ることは重要だが、きれいに飾る必要はまったくない。きっちり、しっかり、作ることが重要だ。

⑤履歴書は受ける会社ごとに変えること

誰もがそうというわけではないが、まったく同じ履歴書を複数の会社に使い続ける人がいる。もちろん、履歴はその人のすでに起こった過去の話の総括であり、真実はひとつだ。エッセンスに変化はない。

同時に、履歴書は自分を相手にわかってもらうための道具だ。当然のことながら、相手の興味を引く形で書かれていなければならない。特に銀行員の場合は、人事ローテーションで様々な職種を経験していることが多い。その場合、単に経験した業務を時系列に書き連ねるだけではなく、相手の問題意識に応えるような内容であるべきだ。

例えば、事業会社の財務を志望しているのであれば、反対側の資金の出し手の立場からいかに様々な経験をしてきたかをアピールする必要がある。また、人事の仕事を志望するのであれば、人事部に在籍中の仕事ぶりを説明するのは当然だが、具体的に携わった人事制度作りであるとか、場合によってはリストラ計画の実施実績まで突っ込んで触れたほうがいいかもしれない。1人の人間である以上、同じ履歴ではあるが、相手に応じてどこを強調するかということには十分な注意が必要だ。

同じく相手によって内容に気を付けなければいけないのが志望動機だ。面接における主要な質問項目であるため、履歴書上では形式的な色彩が強いのは事実だ。しかし相手がしっかり見ないというわけでは決してない。当然チェックはされる。また面接の際に、書かれた志望動機をもとにして質問が始まる場合もままある。「自分のキャリアを活かせる」「大きなフィールドで仕事をしてみたい」など、言わば汎用的なフレーズだけでなく、「どうして他ではなくその会社なのか」という点について、説得力のある内容が必要だ。

履歴書の作成は、手を抜いてはいけない。面接慣れしてくると、横着をして前の会社で使った履歴書をそのまま使うことがある。会社によって、財務であったり企画であったりと、応募する職種が異なる場合がままある。日付が古いままなのはまだしも、異なる業種や職種で使った志望動機をそのままにすれば、話の辻褄が合うはずがない。履歴書は会社ごとに違うものだということを、よくよく認識すべきだろう。

なお、ここまでの留意点を踏まえ、どのような応募書類が望ましいのか、見本となる例を220頁から掲載する。参考にしていただきたい。

応募書類と面接② 面接の留意点

次に面接での留意点について述べたい。本節の冒頭で、「採用は、実は履歴書段階で過半が決まっており、面接はその残りの部分を確認するようなイメージである」と述べた。その中でも特に銀行員の場合は、もともと基礎能力と信用力については定評がある。銀行員からすれば大いなるアドバンテージだが、言い換えれば面接に際しては、必ずしも自身の能力や信用の高さを強調して証明する必要はないかもしれない。売り込むべきは「頭のよさ」ではなく、むしろ「意識・姿勢」、すなわち「気持ち」のありようだろう。

だからといって面接がフリーパスというわけではない。履歴書がすでに過ぎたことの総まとめであり、今さら動かしようのない与件であることを考えれば、面接はまさに今現在の話であり、転職活動における最大のヤマだ。面接を通らなければ転職は成就しない。

①一般的な面接のプロセス

転職が新卒の就職活動と一番異なる点は、採用活動が人事中心ではなく、人材を必要としており、実際に働くことになる各職場が中心に行なわれるということだ。もちろん、実務上のことは人事セクションが担当するが、候補者と面接をしたり採用可否を決定したりするのは、基本的にはそこの職場のラインが行なうことになる。

ポストや役職にもよるが、一般的には当該部署のマネージャークラスが最初に面接、それに続いて、部長・本部長クラス、そして役員（社長を含む）による最終面接となる。平均すると3回程度だろう。人事はそのうちの何回かに同席する程度で、個別に単独で面接をすることは少ないようだ。

ただし、外資については、ラインのヘッドが海外の場合が多いため、日本に加えて海外での面接があったり、場合によっては電話で会話をする機会を設けたりする。シニアなポジションになると、合計10回以上の面接という会社もある。逆にベンチャーを含むオーナー系の会社の場合は、オーナー1人が面接をして、それで即決という場合もある。事前にパターンを認識して、力の配分をよく考えておくことが重要だ。

■面接の主要なプロセス

	書類選考	一次面接	二次面接	最終面接
日系企業	応募ライン	応募ライン マネージャークラス	応募ライン 部長クラス	社長 担当役員
	人事部		人事部 部長クラス	
外資系企業	国内ライン	国内 ラインマネージャー	リージョナル	グローバルライン
	人事部	関連部署 マネージャークラス	リージョナル	グローバルライン

だいたい1回の面接は1時間程度で、その数日以内、長くても1週間程度以内には結果が知らされる。合格であれば次の面接がアレンジされるわけだが、相手は現場の長として仕事があり、なかなか時間の調整が難しいことから、1か月近く間が空くこともままある。

こうしたプロセスが何回か繰り返され、最終面接に合格すれば内々定となるわけだ。この後のプロセスはすでに別の場所で述べたので省略するが、新卒採用がものの1週間程度で内々定まで進むのと比較すると、時間のかかり方については大変な違いがあるわけだ。

②まずは何をやってきたかを語ること

新卒と中途の採用では、評価の基準が大きく異なる。新卒が体育会の運動部で毎日ハードな練習をしていたとしても、多少組織への順応性は高いだろうが、仕事をずっとやっていくうえで、それがクリティカルな利点になるわけではない。したがって、採用の基準は、卒業大学のランクを含め、否応なく過去ではなく、人物評価・ポテンシャル評価にならざるを得ないのだ。

これに対して転職の場合は、まずはその人が仕事で何をやってきたか、すなわちトラックレコードが採用に際しての最も重要な判断基準となる。もちろん中途採用でも年齢が若ければ人物評価のウエイトは高い。それでも、その人が仕事で積み上げてきた実績を凌駕するものでは決してない。

自分の市場価値は何なのか、どのくらいの水準にあるのかを冷静に分析することが大切だ。繰り返しになるが、市場価値の最大の根拠は人格でも人柄でもない。自分の過去であり、キャリアなのだ。過去が今の自分を規定しているわけだ。であれば、過大に自己評価をしても仕方がない。これまでに挙げた業務実績や培った能力を整理してみて、これから何ができるのかを整然と見つめることが必要だ。

銀行員の場合は、人事ローテーションで経験職種が複数にわたるのが一般的だ。したがって、単純に過去の経験業務を並べただけでは、今ひとつアピールしないだろう。「何でもできます」は「何もできません」と同義だ。これまでのキャリアや経験からエッセンスを抽出して、自分の希望する業種や職種に自然に結び付くストーリーを工夫する必要がある。いたずらに人物の総体をアピールするのではなく、セールスポイントをきちんと把握したうえで自身について語っていくべきだろう。

③次に、何をやりたいかを明確に説明する

以前、実際にあった話だが、あるメガバンクに在籍中の32歳の男性が、当社を通じて某財閥系総合商社に応募した。東大卒で、銀行では最初に支店勤務をした後、行内の留学生制度に乗って米国有名大学のＭＢＡを取得し、帰国後はプロジェクトファイナンスの仕事をしていた。「エリートなのにどうして転職を」と誰しも考えるが、行政にガチガチに縛られた金融よりも、自由な商社で仕事をしたい、といった理由だった。

見た目も銀行員と言うよりは商社マンという感じであり、これは確実に合格するだろうと予想していたが、結果はあえなく一次面接で不合格。その理由を会社に確認してみると、次の通りだった。

「確かに大変優秀であり、ポテンシャルはまったく問題ない。しかし、当社を志望する理由が薄弱で具体的に何をやりたいかもわからない。多くの優秀なプロパーの人材が必死になってがんばっている中で、最初から強い目的意識を持っていない中途入社者は必ず途中でつぶれてしまう」

本人からすれば、非の打ちどころのないキャリアの自分が希望して、不合格になること

はまずないと思っていたのだろう。かなりのショックを受けていた。

銀行員のポテンシャルの高さは周知だ。問題は、冒頭に述べたように、転職に関する「意識・姿勢」なのだ。もっと言えば、その会社になぜ入りたいか、そして何をやりたいか、という熱い思いが必要だ。「構想1年」は、会社を志望する理由を考える期間と言っても過言ではない。優秀だから一流企業に入れるのではない。自分のやりたいことを実現できるのがそこしかないから入るのだ。そして、たまたまその会社が一流企業だったということだ。面接では志望動機を理路整然と、そして、熱く語れなければならない。

④受身の姿勢はＮＧ

銀行員が転職で面接を受ける際に最も特徴的なのは、受身の姿勢が多く見受けられるという点だ。寡黙というわけではない。むしろ能弁かもしれない。では、何が受身かというと、転職への姿勢、キャリアを作るということへの考え方についてだ。特に銀行員が初めて転職する場合は、相当ひどい。極端に言えば「何をしたいのですか」と質問されて「私にもよくわかりませんが……」という前置きでしゃべり出す。さらに「転職の意志はどのくらい強いのですか」とダメ押しされると、「今の仕事や処遇と比べてみてよければ」といった具合だ。

要するに、厳しく言えば職業観が甘いのだ。心のどこかで、「相手が決めてくれる」「優秀な自分だから相手が『ぜひ来てくれ』と言うはずだ」という思いがあるかもしれない。それもこれも長年、銀行人事部の指示のままに異動を続けてきた結果だろう。主体的に自身のキャリアを考える習慣ができていないのだ。面接での話し方ではなく、考え方の問題だ。したがって、小手先ではなく本質的な対応が不可欠なことは言うまでもない。

⑤しゃべり過ぎもアウト

銀行員にはよくしゃべる人が多いが、口元が能弁なのと姿勢の積極性は異なる態様だ。実際の面接でも、間髪を入れずに終始話し続ける人が結構いる。自分の積極性をアピールし、かつ意識の高さや知識の豊富さを披瀝したいのだろう。気持ちとしてはよくわかるが、まったくの逆効果だ。

そもそも面接の目的は、質疑の内容自体もさることながら、人柄や人物を見るという面が大きい。人柄のよさは、目に見えない相手へのいたわりの気持ちだろうが、会話をしているとと如実にそれがわかる。双方向の言葉の応酬により成り立つコミュニケーションが、一方的な言葉の流列であっては意味がない。「話し上手は聞き上手」と言われるが、まったくその通りだ。

一方、銀行員の面接のもうひとつのタイプは、逆に相手から質問を受けるだけで、自分からは何も発しないというものだ。「聞き上手」なのではなく「聞きっ放し」だ。このような態度を取る理由は2つ考えられる。ひとつは自分に自身があり、言わば「オレはすごいんだから何でも聞いてくれ」というタイプ。もうひとつは、転職への問題意識がまだ固まっておらず、何をどう質問していいかわからないタイプだ。当然ながら、いずれのケースもよろしくない。前者は「傲慢」と、後者は「関心が薄い」と思われてしまうに違いない。

相手の言葉をよく聞く。その意図をきちんと理解する。自分の考えをまとめる。簡潔に言葉にして発する。そして、今度は自分の問題意識を伝える。面接はその繰り返しだ。そのやりとりの中で、双方の適切な距離感が定まってきて信頼関係が生まれる。

私は社会人として最も大切なのは、コミュニケーション能力だと思っている。「まず言葉ありき」なのだ。そして、それは言葉の量によって決まるのではない。物理的な意味ではなく、人間関係としての上手な間合いの取り方によって決まる。最後までじっくり、相手の話を聞いてみる。こちらが言葉を発する何倍もの意思の疎通が図れるだろう。

⑥身だしなみも大切に

身だしなみと聞いて、「学生でもあるまいのに何を今さら」という感じかもしれない。「身だしなみ」とすると見た目に限定し過ぎる感もあるかもしれないが、それに「立ち居振る舞い」を加えると、正しく正確に意図が伝わるだろう。要するに、形と印象は大いに大切ということだ。

すでに述べたが、面接は最初の1分で決まると言われている。正確には、履歴書から理解される過去のキャリアと、面接の開始直後の短い時間における印象によって決まるということだ。

「最初の1分」と言うと極端に聞こえるかもしれないが、第一印象の形成については数秒で決まるとも言われている。そして誰しも経験することだが、第一印象を覆すことは相当の努力と時間を要する。また、第一印象を決めるのは、7～8割が視覚から、残りの1～2割が聴覚、しかも話の内容ではなく（サウンドとしての）声によるところが大きいと言われている。要するに、実力は履歴書で、人物は第一印象で、それぞれ判断されるわけだ。

前職は銀行員ではないが、以前、ある商社系のシステム会社の経理マネージャーのポス

■面接の留意点

1．まずは何をやってきたか語ること

⇒　セールスポイントをきちんと整理
⇒　数字を入れた仕事の具体的なトラックレコードを

2．次は何をやりたいかを明確に説明すること

⇒　その会社を志望する理由は何か
⇒　そこでやりたい仕事は何か

3．受け身の姿勢は絶対にダメ

⇒　主体的に自身のキャリアを語る
⇒　前向きな意識・姿勢が重要

4．しゃべり過ぎもアウト

⇒　面接は双方向のコミュニケーション
⇒　相手の話をきちんと聞く間合いが重要

5．身だしなみも大切に

⇒　第一印象を覆すことは相当大変
⇒　身だしなみで損をしてはもったいない

トに35歳の男性が応募した。前歴はシステム会社ではなかったが、経理一筋でキャリアや能力はまったく問題のない水準だった。受け答えもしっかりしており、一般的には合格水準。しかし一点だけ難点があった。それは髪の毛がボサボサなこと。

私もお会いした瞬間からそのことが気になっていたが、大の大人にわざわざ指摘するのも気が引けて、結局そのまま面接に突入した。結果は不合格。先方にその理由を聞くと「見た目がだらしない。経理はきちんとしていないと社内の信頼を得られない。その点からは外見も大事だ」というそのものの答えだった。「経理は主に社内業務であり、見た目は関係ない」と考えた私に思慮が足りなかったのだ。後悔先に立たずだ。
「見た目と雰囲気で勝負すべき」ということではまったくない。しかし、優れた本質が表層的なことに邪魔をされてはもったいない。だからこそ、少なくとも最低限の身だしなみには気を遣い、面接の本旨がずれないようにする必要がある。

では、次ページから実際の応募書類の例を紹介していく。

■応募書類の例① (志望業務：日系ネット企業)

- 志望先は非上場のネット系小売業で、ポストは財務または経営企画の部長級
- 会社は社歴15年で、創業オーナー（45歳）のもと、社員は20代から30代前半が中心
- 売上規模は約200億円。3年後のIPOを目指している

履歴書／職務経歴書

20△△年△月△日現在

氏名　△△　△△

生年月日	：1985年○月○○日
現住所	：○○○○○
電話（携帯）	：○○○○○
E-mail	：○○○○○
学歴	：2004年　大阪府立○○高校卒業 2008年　神戸大学経済学部卒業
家族構成	：配偶者（扶養義務あり）
趣味	：スポーツ
資格	：普通自動車一種免許 証券外務員一種 TOEIC　850点

【職務要約】 ポイント①

神戸大学経済学部卒業後、○○銀行に入行、A支店・B支店・関連証券会社出向を経て現在、本店リテール本部在籍中。A・Bの両支店では法人営業担当として、融資業務に加え、事業承継・M&A・IPO・不動産関連などグループ他社と連携しながら提案型の総合取引に注力した。関連証券会社ではM&A部に属し、主に信販など金融関連案件を複数実現した。現在は銀行に戻り全店リテール部門の業務計画の策定、予算進捗管理、部店評価などの管理業務に従事している。

◆職務経歴

〈株式会社〇〇銀行〉　2008年～現在

A支店（2008年４月～2010年９月）
• 大阪南部の中堅・中小企業約50社を担当、融資業務については、比較的信用力の低い企業が多い中、本店審査部などと緊密な協議を行ないながら案件の実現に努め、ほぼ毎期予算を達成した。 • 地域的に老舗のオーナー系の企業が多いことから、事業承継ニーズを捉え、本店関係部と連携を図りながら、在任期間中に２件のM&Aを実現した。 • 業績低迷の中堅機械メーカーX社について、資産の効率化を目的とした所有不動産の活用を提案、複数の関係グループ会社を実質的にリードして、老人ホーム設立の企画を実現した。その際に所要資金調達に関し５行によるシンジケートローンを幹事として組成、役員表彰を受けた。
B支店（2010年10月～2013年６月）
• 法人営業として、東京南西部地域のベンチャー企業から年商1000億円クラスの上場企業まで幅広く担当した。 • 既往取引先の他、地域特性からネット系の振興企業が多いことから、これら企業への新規開拓に努めた。自行による融資の他、グループ関連会社のVCを紹介するなど、様々な資金調達手段を提案した。 • 社歴20年の不動産会社Y社については、担当期間中にIPOを実現した。主力行のひとつとして経営者との日常の接触の中で、早期段階からその動きを察知、グループ証券会社及び信託銀行と連携を取りつつ、いずれも高いステータスでの参加を実現した。
C証券会社M&A事業部Manager（2013年７月～2016年７月）
• グループ内証券会社に出向しM&A事業部に所属、銀行親密取引先の案件を中心に、在任期間中に５件の成約を実現した。具体的には、信販とカード会社の合併、食品メーカーによる同業へのTOB、地域分割の流通企業の統合など。 • M&A担当は初めての経験だったが、銀行支店勤務時代の取引先案件紹介により一連のフローは理解していたことから、最初の１案件を上司指示のもとでクローズした以降は、自身で概ね案件を完遂できる状況となった。

ポイント②

ポイント③

本店リテール本部調査役（2016年８月～現在）
• 中堅・中小法人にかかわる取引の全店総括業務に就き、関西地区を所管。同エリア内の部店に関する業務計画の策定、予算進捗管理、部店表彰などの管理業務にかかわる基礎データの収集・整理、時系列分析などを担当。 • 部店の事務負担を軽減すべく、システム企画部と連携を取りながら、計数の本部一元管理体制を構築した。

【志望理由】 ポイント④

私はこれまで銀行・証券で、法人営業・M&A・本部スタッフと幅広く業務を経験してきました。一番接触機会が多い法人顧客に対しては、預貸業務だけでなく、経営課題へのアドバイスなど、ソリューション型の営業に努めてきました。こうした活動の中で、金融機関の立場からではなく、自らが事業会社の中に入って様々な課題に挑んでいきたいと考えています。

御社は今後、M&Aなどの手法を用いながら新規分野を含め業容拡大を図っていくお考えであり、また、その実現のためにIPOも視野に入っているとお聞きしております。

まさに、私がこれまで培ってきた経験と知識を活かせるのではないかと考えています。御社のさらなる発展に貢献できれば幸いです。何卒よろしくお願い申し上げます。

《ポイント》

①冒頭に職務要約を持ってくると、面談者（または人事担当者）が候補者のイメージを作りやすい。その際に大切なのは自分の志望する仕事・職務につながるキャリアを強調しておくこと。

②業務実績については、定性的な表現だけでなく、できるだけ具体的な案件内容や数字を明示して説明する（もちろん会社の機密に属する内容を記載してはいけない）。

③「全店トップ〇〇位」や「△△表彰」という表現も、優れた実績をアピールするうえでは有効な表現。

④志望理由はいずれにせよ面接では必ず聞かれることなので、頭の整理も兼ねて、記載しておいたほうがよい。

■応募書類の例② （志望業務：日系投資ファンド）

- 応募先は大手保険会社が親会社の投資ファンド。企業価値で100億～300億円の会社が投資ターゲット
- 仕事は案件発掘からクロージングまでのフロント業務をチームリーダーとともに推進
- 未経験でかまわないが金融知識は不可欠。企業・産業の分析能力・経験があればベター

履歴書／職務経歴書

20△△年△月△日現在

氏名　△△　△△

生年月日	：1987年○月○○日
現住所	：○○○○○
電話(携帯)	：○○○○○
E-mai	：○○○○○
学歴	：2006年　神奈川県立○○高校卒業
	：2010年　慶応義塾大学経済学部卒業
家族構成	：配偶者（扶養義務なし）
資格	：普通自動車一種免許
	：TOEIC　760点

【職務要約】

・慶応義塾大学経済学部卒業後、○○銀行に入行、C支店及び本店営業部を経て、現在は本店コーポレート調査部在籍中。

・当初2か店では、法人営業担当として預貸業務に加え、資本市場・M&A・グローバル対応など銀行グループの力を活かした多様なサービスを提供し、総合取引展開を実現した。

・在籍中のコーポレート調査部では重工・重機業界についてマクロ・ミクロ両面からの調査・分析を専担者として担当しており、営業部での経験を含め、この分野での産業知識と人脈は豊富。

◆職務経歴

〈株式会社○○銀行〉　2010年～現在

C支店（2010年４月～2012年9月）
•都内大型店で当初１年間預金などの基礎業務を習得後、法人営業担当に店内異動、上場企業を含む約30社を担当した。 •繊維商社・薬品卸などの老舗企業が多い地域で資金ニーズがあまりないことから、外為取引や会社の資金運用など、非金利収入獲得に注力した。 •グループ関係会社と連携し、在任期間中に社債発行の幹事ステータスを２件獲得した。
本店営業第○○部（2012年10月～2015年2月）
•部全体は鉄鋼・重工などの大手企業及びそのグループ会社を所管、自身は重工・重機メーカーの２グループを担当、子会社を含め社数は約30社、融資残高は約800億円。 •貸出は漸減傾向にあったことから、銀行グループ全体での総合取引を推進すべく、その基幹店としての役割を担った。預貸業務に加え、国内外での社債発行（幹事ステータス３件）、海外現地法人との現地取引（新規取引２件）、グローバルキャッシュマネジメント（１件）、M&A（２件）など幅広い分野での取引深耕を実現した。
本店コーポレート調査部調査役（2015年3月～現在）
•コーポレート調査部は、業種別に業界動向を調査・分析する組織。自身は営業部時代に担当していた業種のひとつである重工・重機・造船分野を担当している。 •グローバルなマクロ需給の調査及び業界各社の公開データの分析をベースとして、取引先を中心に個別企業からのヒヤリングも交え、業界動向についての調査報告を毎年実施。 •部店の依頼を受け個別企業に関する詳細は特別調査も適宜実施（年２件程度）。

【志望理由】

私は営業部店及び本部スタッフを通じて、企業や産業を見る目を培ってきました。特定の産業とのかかわりが長いことから、この分野については知識だけでなく、人脈も豊富なことは申すまでもありません。加えて、これまでの経験を踏まえれば、他の様々な産業や企業に関する課題・成長性などについても適切な分析と判断ができると考えます。

可能性のある企業に投資をして成長を促す御社のビジネスは、これまでの私の知識と経験を十分活かせる魅力あるものです。ぜひご縁をいただき、御社の今後の発展に少しでも貢献できればと思います。よろしくお願い申し上げます。

《ポイント》

①基本は応募書類①に同じ。

②投資ファンドは、銀行員に人気のある転職先だが、外資系・銀行系・証券系・公的機関系などの母体や設立形態に応じて、ターゲットとする投資先企業の規模や属性が大きく異なる（すなわち人材に求めるものも異なることになる）。その点を考慮したうえで、履歴書・職務経歴書を作成することが必要だ。

――成功のカギは、その会社の社風に合うかどうか

5年ほど前に『日本の人事は社風で決まる』（ダイヤモンド社）という本を書いた。出世も異動もそれを決めるのは、精緻な人事評価制度でも人事権を持つ上司でもなく、目に見えない社風という暗黙知なのだ、という内容だ。

仕事でいろいろな会社に出入りをすると、「確かに社風ってあるな」と感じることは誰しもあるのではないだろうか。「場の空気」のようなものは古今東西あるのだろうが、特に新卒一括採用・終身（長期）雇用の同質社会である日本企業では、それが長い年月と相まって社風になる。言葉にせずとも価値観は暗黙知として共有されており、企業としての判断や意思決定を実質的に支配しているのだ。

社風の支配する最たるところが人事だ。企業は常に様々な場面で意思決定を迫られる。その選択の背景には一定の価値観があり、その価値観が人を通じて脈々と受け継がれていく。このような暗黙知としての社風を体現できる人こそが企業での高い評価を得ることになるのだ。

となると「では社風に合うかどうかはどうしてわかるのか」ということが疑問となるだろう。答えはシンプルで「その会社の社長とウマが合えばＯＫ」ということだ。

普通のサラリーマン企業であれば、社風を究極の形で体現した人物こそが社長なのだ。「社風」という評価軸の関門を長きにわたりくぐり抜けてきた結果として、今日があるからだ（もちろん例外もある）。経験として理解できるだろうが「ウマが合う・合わない」は、実は言葉に依らない暗黙知のひとつだ。その中で社風の体現者である社長とウマが合うということは、自分も社風に合っていると考えて間違いない。

中途採用の場合、シニアな人材は当然ながら若手でも、最終面接者は社長という企業は結構多い。面接を受けているのは自分というのを忘れてはいけないが、こちらから会社と社風を吟味しているということも念頭に置いておくほうがいいだろう。なお、みんながみんな社長と話ができるわけではない。その場合でも、より上位の職階の人、特にエリートと言われる人に会えばよい。社長ほどではないにしろ、社風の体現者であることは疑いないからだ。

ついでながら、オーナー企業の場合のオーナーとは、サラリーマン企業以上に「ウマが合わない」とダメだが、こちらはそれほど心配はいらない。採用されれば「ウマが合っているのだ」。ただし、こちらは連綿と受け継がれてきた社風を背景にしているわけではないので、オーナーの気分が変われば放逐される可能性は十分ある。別の意味で要注意だ。

第5章

銀行員の転職 4類型と成功事例

これまでの章では、転職を考える際に、常に転職のゴールを考えながら動く必要があることを述べた。また、スキルとキャリアの違いを理解したうえで対策を講じるべきであること、さらには実際にアクションを起こす際の具体的なノウハウ・留意点についても触れてきた。転職についてはかなり理論武装されてきたのではないかと思う。

そこで最後に、実際の銀行員の転職事例を見ながら、転職先としてはどのような会社や仕事を検討の対象とすればいいのか、そもそも自分が希望したとして果たして適性があるのかを考えてみたい。

最初に、銀行員に一般的に見られる転職先の職種やパターンを4つに類型化して「仕事として、働く場として、果たしてどうなのか」「どのような人材や能力が必要とされるのか」ということについて紐解く。4つとは「①外資系金融機関」「②コンサルティングファーム」「③一般事業会社」「④起業・ベンチャー企業」である。ここからひとつずつ紹介していこう。

職種① 外資系金融機関

リーマンショックで外資系金融機関のプレミアム感はすっかり剥がれ、今や多少給料の高い普通の金融機関に過ぎないという指摘もある。確かに「反グローバリズム」の仇敵である投資銀行は一時の勢いはなくしている。しかしながら、スーパードメスティック銀行に甘んじている邦銀と比較すれば、常に金融の先端を模索しているチャレンジ精神は大いに評価して然るべきと考える。敬意を表し、日本の銀行員の転職先候補の筆頭として記させていただいた。

実際に、外資系金融機関から見れば、新卒入社者が増えたとはいえ、邦銀は今でも最大の人材供給源である。外資系金融機関と言ってもいろいろあるが、主なものとしては、投資銀行、コマーシャルバンク、保険会社が上げられ、さらに定義を広げれば投資ファンドも入れることができる。このうち、外資が日本企業を買収したケースが多い保険会社を除いてみると、日本では2万~3万人程度が外資系金融機関で働いているが、その約3割程度が邦銀出身者と推測される。パターンとルートのできあがった転職先と言える。

これらの金融機関は、それぞれで特徴を持っているが、基本的には、同じ経営カルチャーに基づいて組織運営がなされていると考えて差し支えない。ここでは、我々から見て最も「外資的」であり、実際にも邦銀からの転職者の歴史が、質・量ともに豊富な投資銀行を見てみよう（ちなみに、投資銀行で中心的な役割を果たすフロントのビジネスライ

■日本で活動している主要外資系金融機関

<table>
<tr><th colspan="2"></th><th>米系</th><th>欧州系他</th></tr>
<tr><td rowspan="2">投資銀行</td><td>証券会社</td><td>• ゴールドマン・サックス
• モルガン・スタンレー</td><td rowspan="2">• UBS
• ドイツ銀行
• クレディスイス
• バークレイズ
• BNPパリバ
• ソシエテ・ジェネラル
• クレディ・アグリコル
• HSBC
• マッコーリー
• オーストラリア・
• ニュージーランド銀行</td></tr>
<tr><td>商業銀行</td><td>• J.P. モルガン
• シティグループ
• バンクオブアメリカ・メリルリンチ
• ブラウン・ブラザース・ハリマン</td></tr>
<tr><td rowspan="2">運用会社</td><td>投資銀行系</td><td>• ゴールドマン・サックス・アセット・マネジメント
• JPモルガンアセットマネジメント</td><td>• UBSアセット・マネジメント
• ドイチェアセットマネジメントなど</td></tr>
<tr><td>その他</td><td>• ブラックロック
• ピムコ
• フィデリティ投信
• バンガード</td><td>• シュローダー・インベストメント・マネジメント
• アムンディ
• ピクテ投信投資顧問
• アクサ・インベスト・マネージャーズ</td></tr>
<tr><td colspan="2">投資ファンド
（プライベート
エクイティファンド）</td><td>• KKR（コールバーグ・クラビス・ロバーツ）
• カーライル
• ベインキャピタル
• ブラックストーン・グループ</td><td>• CVCキャピタル・パートナーズ
• ペルミラ
• CLSAキャピタルパートナーズ</td></tr>
<tr><td colspan="2">保険会社</td><td>• AIG
• プルデンシャル</td><td>• アリアンツ
• アクサ
• NNグループ（旧：ING）
• チューリッヒ</td></tr>
</table>

注）1. 社名は、正式な日本法人名ではなく、グループ全体を表す一般的な呼称
2. 銀行は、米系のみ投資銀行と商業銀行に分けて記載（全社両業務を扱っているが、もともとのビジネスモデルに応じて区分け）
3. 投資ファンドは、プライベートエクイティファンドの関連企業だけ記載

ンは、半数以上が邦銀出身者と推定される)。

まず、働く場としての特徴として、何と言っても圧倒的に報酬が高いということだ。某米系投資銀行は、新卒の社員でも入社1年目から年収が1000万円を超えるということで有名だが、会社全体で見てもそこから推し量れる高水準にあることは間違いない。

30歳前後のアシスタント・ディレクタークラスで、ベース給与が年収1500万~2000万円、ボーナスのレンジがその2~5倍程度だ。部門長となるマネージングディレクターについては、年齢は関係ないものの(平均すれば40歳前半の年齢層が一番多いと思うが)、ベース年収で2500万~5000万円、ボーナスレンジは場合によっては10倍程度にまでなる。わかりやすく言えば、年収で1億~5億円程度、時には一桁上の億円単位でもらうのが、外資系投資銀行の部門長という存在だ(リーマンショックの反省で、破格のボーナスはいたずらに高リスクに向かわせるという理由から、年収の傾きは緩やかになったと言われている。確かに億円単位の年収を取る人の数は減っているが、報酬体系をモデレートにしたためというよりは、実際の儲け額が減ったことによるものと思われる)。

言うまでもなく、仕事は大変だ。銀行からの中途入社者は20代後半からの年齢層になるが、最初は「雑巾がけ」と称して限りなく24時間近く働くことを余儀なくされる。最も中心的な職種・業務は、「カバレッジ」と呼ばれる対顧営業だが、上司の指示を受けての案件の検討資料と顧客向け説明資料の作成が中心だ。

当社は中小企業のカテゴリーに入るが、たまたま証券に絡む案件で外資系投資銀行と邦銀系の証券会社にプロポーザルを出してもらったことがある。投資銀行からはお願いをした翌日朝一番でまずメールで第一報が入ったのに対し、邦銀系証券会社からのものは約2週間を要した。両者のスタンスの差は推して知るべしの話だろう。翌日に届いたプロポーザルは抜群のスピード感だが、さらにそれなりに内容も詰まった数十ページにも及ぶ大作だった。聞けば、フロント系の仕事に就くほぼ全員がオフィスの近くの高層マンションに住んでいるそうだ。便利で夜景がきれいな分、家賃は高いが、あれこれ選択する余地はないし、そもそも家賃の高さがまったく気にならない給料をもらっているのだ。

また、中途入社者の場合は、英語ができないといけないことから、銀行員についてみれば、留学や海外勤務経験者が中心となるだろう。ベースの金融知識はあるため、他の業種からの転職者に比べれば優位だが、それでも最初の「雑巾がけ」は基本的には避けて通れない道だ。

一方、「雑巾がけ」をパスして40歳以降で入る銀行員もいることはいる。しかし、彼らの場合はチームリーダーとして、入ったその日から稼ぐ力、すなわち顧客基盤と部下の統率力を兼ね備えていなければならない。これはこれで大変だ。

丁稚時代からのたたき上げだろうとそれを迂回してこようと、上のポジションでは、いつクビになるかわからない恒常的な緊張状態に置かれる。「顧客対応」は言うに及ばず、むしろそれ以上に「社内政治」に明け暮れなければならない。身の回り360度、国内外のどこで足をすくわれるかわからない。気の休まるヒマもないわけだ。

しかし、何と言っても数字だ。いかなる場合にも数字を上げ続けなければならないことは言うまでもない。邦銀から見れば法外とも思える高給について当事者に聞くと「寿命を縮める対価だから」という答えが返ってくるが、あながち誇張ではなかろう。

では、この外資系金融機関でやり抜ける適性は何か。一番目は、何事にもめげない根性と体力だ。若いうちは上司から馬車馬のようにこき使われ、シニアになればグローバルヘッドや顧客からメチャクチャな要求が飛んでくる。普通の神経と体ではまず持たない。ただし、この点について邦銀の銀行員は耐性があると考えてよさそうだ。

もう少し現実的な視点で考えると、英語と外国人付き合いの2つが極めて重要だ。邦銀に長くいると、良くも悪くも「ボトムアップ」の日本型の経営が普通と思ってしまう。特に、人事部が強い権限を持っているのに対し、ラインの上司が必ずしも人事権を持っているわけではないことが、ますますその傾向を強めている。

この点において、外資系企業、中でも投資銀行については、上司が圧倒的な人事権を持つ。よく米国映画で仕事にしくじった部下を散々なじった挙句、上司が最後に「ファイアー（クビ）！」と叫ぶシーンがあるが、本質的には真実の姿を伝えている。上司がボーナスの金額から自分のクビまですべての権限を持っているとしたら、絶対服従するのは当然だろう。

若いうちはともかく、シニアになればなるほど、外国人が上司になる可能性が増す。仮に日本では部門長としてトップになっても、グローバルラインでニューヨークやシンガポールの外国人上司にレポートしなければならない。また、投資銀行は金融商品担当と顧客担当の軸がグローバルにクロスしており、常時、海外とのコミュニケーションを取る必要がある。英語がうまくなければ、そして外国人とうまくやれなければ、まず生き残れない。日本の銀行員が最も苦労する点だろう。どんな手を使ってでも、外国人の上司に気に入られなければダメなのだ。

もちろん、それがすべてというわけではない。金融業務にプロとして通暁していることは当然だが、それ以上に、顧客とのリレーションシップをきちんと持っていることが重要だ。特に、国内におけるカスタマーベースは外国人が弱い点でもあり、外資系で生き残る有力なツールだ。

例えば、入社面接の時には必ず「あなたが特別に強みを持つ顧客や業種は何ですか」と聞かれる。ローテーションで育っている日本の銀行員には違和感のある質問だ。だが、見方を変えれば、日本人スタッフに対して顧客リレーションシップを持つことが、いかに期待されているかということがわかる。日本に来て上司となる外国人は、まず日本語が話せない。また、日本の事業会社の大半のＣＦＯは英語ができない。したがって、幸いなことに本邦の法人とのリレーションシップは、日本人スタッフが中心となって維持・構築せざるを得ないのだ。外資は実力主義で年齢は関係ないので、顧客さえしっかり握っていれば、むしろ邦銀の定年年齢を過ぎても現役で活躍することができる。

ところで、外資系の金融機関は、営業を中心としたビジネスラインが圧倒的に力を持っており、スタッフ部門はコーポレートセンターと呼ばれ、サポート的な位置付けに置かれている。典型的な例は人事部門で、邦銀ではエリートの集まりだが、外資系では言うなれ

■外資系投資銀行の一般的な組織

【邦銀との主な相違点】
■フロントラインが中心→コーポレート機能は補完的位置付け
■各セクションのレポート先は基本的にグローバルライン→CEOは在日代表としての「顔」的な機能
■一般的に独立した経営企画セクションは存在しない
→プランニングはラインマネージャーの仕事で指揮命令はトップダウン

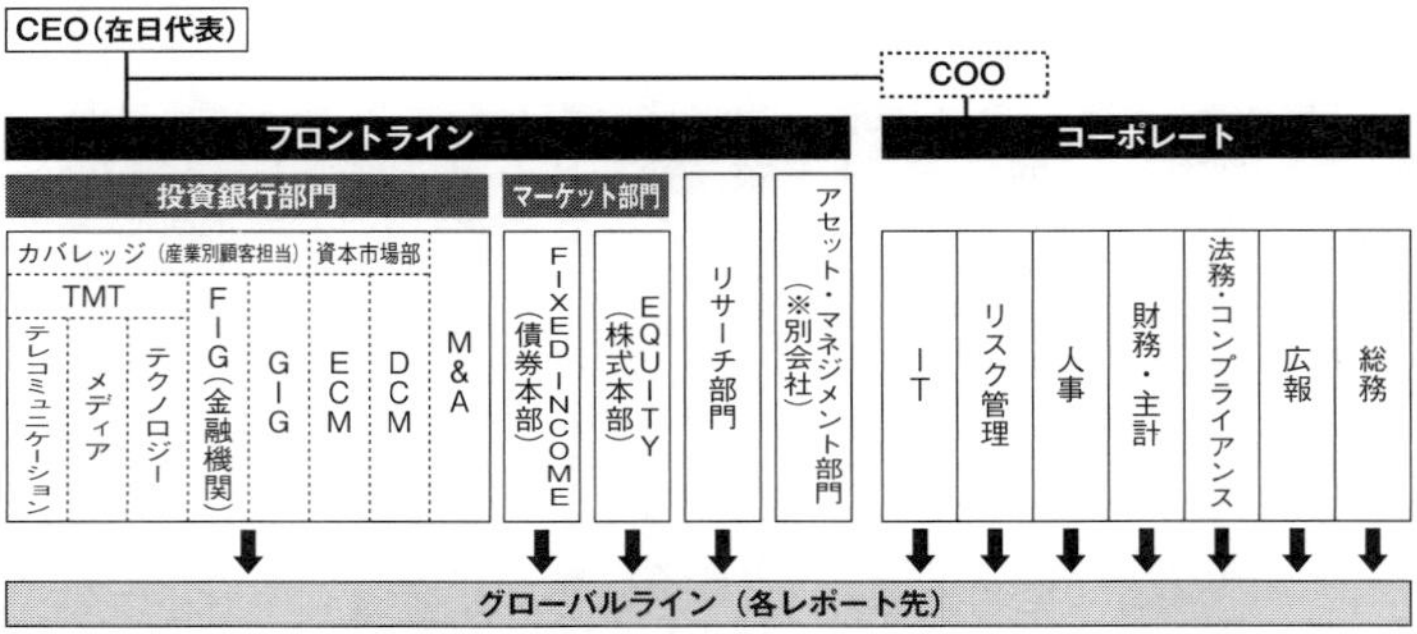

■邦銀の一般的な組織

【投資銀行との主な相違点】
■スタッフ(本部)、特に管理本部が強い権限を持つ
■レポートライン:営業拠点→スタッフ→マネージメント
■さらにライン間に「管掌役員」が入るため組織はかなり重層的

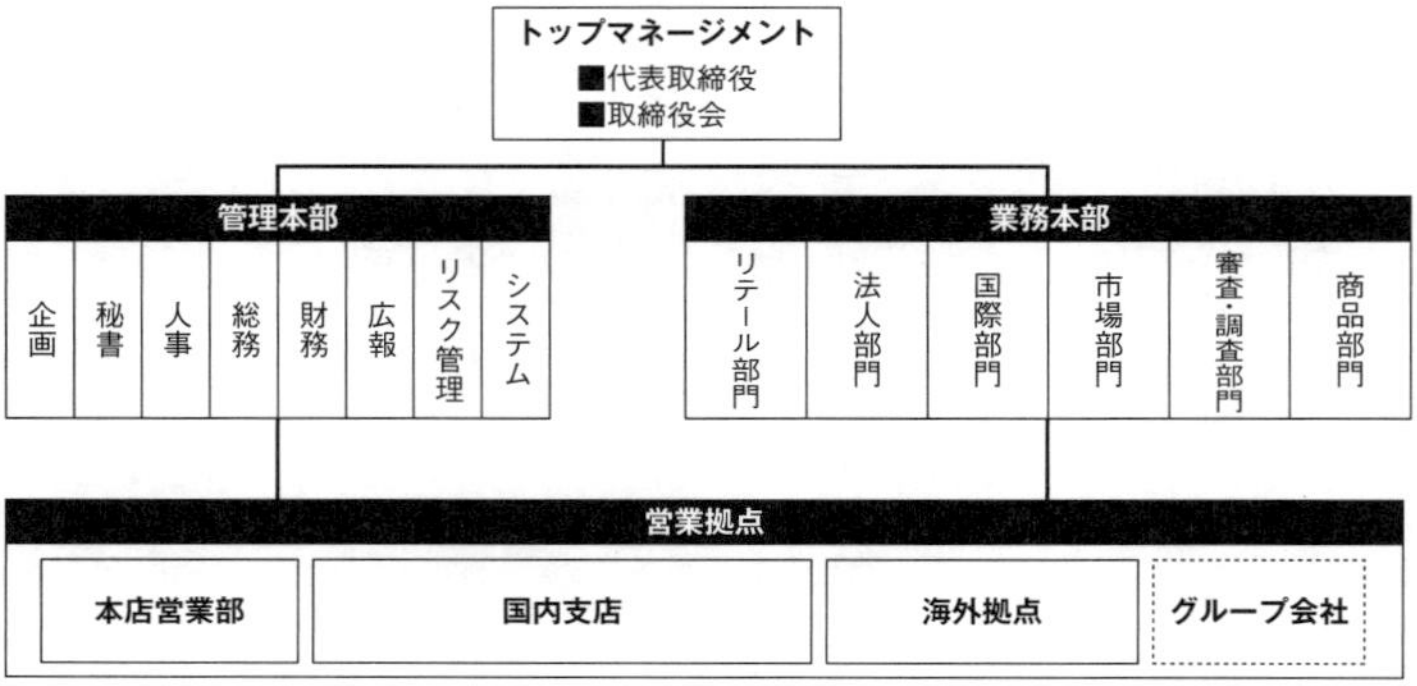

ば事務処理セクションに過ぎない。このギャップを知らずに転職をすると、大いなる過ちを犯すことになる。

ただし、コーポレートセンターであっても、給与は邦銀のトップ行員を上回る水準にある。例えば年収で見ると、30代半ば～40歳前後のマネージャークラスで1500万～2000万円程度、日本で言う部長相当職のシニアマネージャーになれば3000万円を超えるケースもままある。それにもかかわらず、ビジネスラインと異なり、雇用は相対的には安定している。

また、一般事業会社も含めて、外資系企業の人事は仕事の内容が似ている。このため、比較的転職は容易だ。考えようによっては旨味のあるポストだ。

職種② コンサルティングファーム

今や投資銀行を凌駕して、東大や京大など有名大学の新卒戦線で最も人気のある業種だ。銀行員の転職意識の中でも「投資銀行はえぐくて怖い、行けることなら戦略系コンサルが格好いい」というのが本音だろう。

コンサルティングファームは、日系・外資系という国籍上の軸に加えて、戦略系・会計系・人事系・ＩＴ系など提供サービスの区分けもある。これらの区分けは、各コンサルティングファームのルーツとなった企業のもともとの業種に応じているわけだが、最近はどの業態も守備範囲を拡大しており、〇〇系という形で分類するのはかなり難しい。

例えば、会計系のファームは外資系と言っても本邦の会計事務所とアライアンスを組んでいる例が多い。また業務内容も、当初の会計周りだけでなく、システム、人事、さらには経営戦略と拡大しており、最近は「総合系」という言い方もされている。要するに「もともとは何だったのか」ということと、「今は何をしているのか」ということが乖離しており、一言では表しづらくなっているのだ。

しかしながら、いずれの業態でも「コンサルティングを業務とするファーム」という点については何ら変わりなく、銀行員には人気のある仕事と言える。その最大の理由は、銀行員の持つブランド志向と知的好奇心の双方を満足させられる、数少ない仕事だからだろう。

まず、人材の採用に関して最もバーが高く、またブランド指向が強いのが、外資系の戦略系ファームだ。日系の戦略系ファームももちろんあるが、大手は金融機関系列が中心であり、銀行員が主体的に転職していくケースはさほど多くない。したがって、ここでは外資系のファームを念頭に、彼らの採用の特徴を見てみよう。

■外資系コンサルティングファームの概況

分類	内容・特徴	代表企業例
戦略系	企業の経営全般の課題に対するコンサルティングを行なう。企業戦略やコーポレートビジョンの策定など企業経営のトップレベルにかかわる点が特徴。 大手はグローバルネットワークを持った外資系が中心。花形コンサルタントがスピンオフして設立されるコンサルティングファームも多い	・マッキンゼー・アンド・カンパニー ・ボストンコンサルティンググループ ・ベイン・アンド・カンパニー ・A．T．カーニー ・アーサー・D・リトル ・ブーズ・アンド・カンパニー ・ローランド・ベルガー
会計事務所系（IT系）	会計事務所の経営コンサルティング部門がルーツ。経営管理システムに強いが、経営戦略、人事戦略など領域は広く、「総合系」とも呼ばれる。 幅広い対象分野に加え、強力な海外ネットワークによりグローバルな大規模プロジェクトにも対応できる総合力が強み	・デロイトトーマツコンサルティング ・プライスウォーターハウスクーパース（PwC） ・EYアドバイザリー ・KPMGコンサルティング ・アクセンチュア ・アビームコンサルティング ・日本IBM
人事系	人事や年金など「人」に関連した分野のコンサルティングを専門に行なう。 対象領域がビジネス機能の一部に特化していることから「特化系ファーム」とも言われる。 評価、報酬、退職給付、年金など人事制度全般の設計・導入から、給与計算などの人事実務のアウトソースまで幅広く対応している	・タワーズワトソン ・マーサージャパン ・エーオンヒューイットジャパン ・コーン・フェリー・ヘイグループ

注）外資系コンサルティングファームの場合、IT業務のメインプレーヤーは会計事務所系であることから、IT系の分類を設けず3分類とした

まず、望まれる出身大学については、国立なら東大、京大、一橋大が中心、私大の場合は早慶限定といった感じである。当然、出身銀行についても絞られており、メガバンクまたは旧興長銀でないと事実上かなり厳しいだろう。もちろん語学力も必要だが、単なる海外経験ではなく、英米有名大学のMBAが原則だ。

年齢は、銀行員が転職するケースでは32～33歳程度までが中心で、この年齢層

までは銀行での経験業務は必ずしも絞られていない。言わばポテンシャル重視の採用だ。最初は、案件ごとにチームに組み込まれ、チームリーダーのもとでのアシスト業務からスタートする。40歳を過ぎた年齢のリーダー格での採用も結構あるが、この場合は、銀行内でも企業調査やアドバイザリーなど、ソリューション系の業務経験が必要とされる。

このように、スキルよりもポテンシャル重視の採用のため、現在の自分の状況を顧みて、これらの条件をどの程度充足できるかという視点で現実的な判断をすべきかもしれない。高いバーの基準に合致する点が多ければ、なかなか魅力的な選択肢だ。

銀行に入ってからのキャリアを比較的そのまま活かして転職が可能なのが、ＩＴ系と人事系のコンサルティングファームだ。正確には、ＩＴまたは人事に関連したコンサルティングを行なう会社ということだ。

ＩＴ分野のコンサルティングは、会計系、独立系、事業会社系の各コンサルティングファームがカバーしているコア業務だが、いずれの場合も銀行を含む金融機関は主要な顧客（クライアント）のひとつになっている。このため、クライアントのニーズがよくわかり、人脈もつながる銀行出身のキャリアはかなり尊重される。

仕事の内容については、専門性が強い分野であることから各社ともそれほど大きな差はない。そのため、給与水準は、日系が邦銀より1～2割程度高いのに対して、外資系はさらにその2～3割上といった感じで、日系と外資の間に投資銀行ほどの差はない。

銀行出身者のＩＴキャリアは、一般的に銀行業務にかかわるシステムの企画、開発、メンテナンス、各部門の管理が中心で、実際のＳＥ業務は関係会社かアウトソースに依存している。このため、コンサルティングファームでの仕事も、金融機関を対象とした案件受注のための営業と、受注案件のプロセス管理が中心になる。いずれの場合も、銀行出身者の最大の強みは、クライアントである金融機関の悩みやニーズが、相手の立場でよくわかるということだ。「攻守ところを変えた」わけであり、大変有利なポジションを取れることは事実だ。

銀行におけるＩＴ部門は、業務の専門性から在任期間が長期化するケースが多い。人事ローテーションの数少ない例外部署だ。一方、配属される人材は、一般的には営業のフロントや経営スタッフとしてはやや弱い（と見られている）層が中心だ。率直に言って、一度配属されると、なかなか抜け出せないことが多い。最近でこそＩＴの重要性に鑑み、担当役員のステータスは上がっているが、部外からの横すべりが中心であり、この部門から経営層に上がっていく「生え抜き」は稀だ。専門性を活かしてキャリアを広げるという観点からは、システム系コンサルサル会社への転職は検討に値するだろう。

人事系コンサルタントも、ＩＴ系と同じく銀行でのキャリアを活かせる仕事だが、ここでも専業大手は外資系が中心だ。したがって外資をイメージして考えてみたい。

まず、同じ人事コンサルティング業務でも、人事制度やコンセプトを考える川上分野と、年金計算や給与回りを扱う川下分野の２つに分かれる。どちらに優劣があるわけではないが、理屈好きの銀行員に向くのは前者だろう。前章でも述べたが、邦銀の人事マンはエリートだ。若くして人事部に行けば将来の幹部候補生であることは間違いない。したがって、銀行でそのまま仕事を続けるというのも有力な選択肢としてあるべきだ。

では、人事マンが転職を検討するのはどんな場合だろう。それは人事の専門能力を高めたいと考える時だろう。言わば人事のプロを目指す場合だ。人事の仕事は人によって好き嫌いがある。「潜在能力を顕在化させるにはどうしたらいいか」「成果を挙げる行動様式は何か」「絶対評価と相対評価はどちらが正しいか」など、人事に興味がなければどうでもいい話だろう。しかし、興味がある人にはこの「どうでもいい」理屈を考えるのが面白いのだ。人事とは詰まるところ、社員のやる気を増すにはどうしたらいいかという策を考えることである。人の感性や行動原理に遡っていろいろ考えてみる奥深い仕事だ。

ところで、銀行の人事マンは国内派が多い。したがって、優秀だが英語は苦手という人が結構いる。それでも外資のコンサルが務まるか。結論は「英語がうまくなくても最低限できれば大丈夫」だ。またポテンシャルはあるのだから、意識して勉強すれば問題ない。

実際に、投資銀行や戦略系コンサルタントは、役職が上に行くほど英語がうまく、トップクラスはほとんどネイティブ並みだ。そうでないとやっていけないのだろう。一方、私の勘違いなら許していただきたいが、人事系コンサルの方々の英語は聞いていてほっとすることがままある。人事は国ごとの特殊性が強い分野だ。したがって投資銀行のように、外国人がエキスパット（本国からの派遣幹部）として組織内にたくさんいたり、24時間グローバルな対応を求められたりするということはあまりない。話す内容も「切った張った」ではなく、コンセプトそのものにかかわることが多い。美辞麗句を並べるのではなく、たとえ流暢でなくとも思考を整理してロジカルにきちんと伝えることが重要なのだ。

年収は外資系といえども、投資銀行や戦略系コンサルより低い。邦銀の水準に2～3割乗った程度だ。しかしながら、人事や人に興味があり、いろいろじっくり考えながら企業の相談に乗ることが好きな人にとっては、十分な水準であろう。

コンサルティングファームの最後に、会計系企業について触れたい。主要な会計系コンサルは、名前から理解される通り、外資系の大手会計監査法人が母体となって設立されている。グローバル化の進展とともに、会計士のみならず弁護士など「〇〇士」と呼ばれる職業でも、内外でのアライアンスが増大した。会計系の場合は、加えて米国でのエンロン事件などの不祥事もあり、このようなアライアンスに、コンサルティング機能の分離という別のファクターも加わり、「〇〇コンサルティング」というカタカナ社名の和洋一体化した企業が多く設立された。また、すでに述べたように、会計分野を皮切りに、IT、人事、戦略と業務範囲を拡大していったことから、現在は「総合系コンサルティングファーム」と呼ばれるケースもある。

総合系の名前の通り業務内容は多岐にわたるが、比較優位にあるコアのビジネスは、やはり企業会計を中心とするアドバイザリーだ。具体的には、財務戦略の策定から始まり管理会計システムの構築、金融機関や投資家向けの企業説明資料の作成などいろいろだ。特に最近は、M&Aや企業投資に関連して、企業価値の算定・評価やアライアンスのストラクチャー作りなどの業務が増大している。

先ほどのITや人事とは異なり、銀行での仕事がそのまま転用できるわけではないが、逆に銀行でのほとんどの経験が関連してくる仕事とも言える。

キーの言語である会計用語は銀行員にとって最もベーシックな知識であるが、会計上の数字を見て、企業を判断していく。また、企業の資金活動をサポートしていく。会計士レベルの専門知識でなくとも、日々の業務を通じてきちんと理解していれば問題ないはずだ。

次に、産業や企業に関する知識。たとえ1、2店の支店経験であっても、多くの企業の活動を見てきたはずである。小売業の資金需要の特色、建設会社の会計の特殊性、メーカーにおける設備投資の考え方、それらすべての経験が何らかの形で活かされてくる。

そして何よりも取引先との接し方、間合いの取り方のうまさだ。これは会計系コンサルに限らず重要な要素だが、特に会計系の場合は、クライアントの多くは、事業会社の財務・企画部門だろう。銀行員として、これらのセクションは仕事で正面に位置してきた部署だ。その経験を通じて体得している適切な距離感を持った付き合い方は貴重なスキルだ。

外資系の場合、必要とされる語学力はポジションによってかなり異なる。高い英語力があればベストだが、そうでなくとも顧客の大半は日本企業であり、最低限の社内コミュニケーションが図れる力があればOKだろう。年収も同じくバラツキがあるが、平均的にはIT系、人事系と同じく、邦銀水準に2~3割プラスされたレベルだ。銀行員が持っている平均的な資質をストレッチしてキャリアを作っていけるという点では、やはりなかなか魅力的な仕事だろう。

これまで各業態に沿ってコンサル系企業の内容を見てきたが、同業他社への再転職も含め、10年程度は同じ仕事を続けるケースが一般的だが、それこそ定年まで（その概念があればだが）コンサルティングファームでの仕事を全うすることはあまりないようだ。

年齢の問題もあろうが、それ以上に長年やっていると、「理屈」から「実業」へという志向が強まるからだ。コンサルティング業務は、いい意味での「机上の空論」自体に価値を持たせる究極の第三次産業、ここで身に着けた経営ノウハウを事業会社で実践に移してみたいと考えるのは自然だろう。実際に、多くのコンサル出身者が、事業会社で経営に携わったり、自身で事業を始めたりしている。

新たな転身後の成果については必ずしも正確に把握しているわけではないが、トップマネジージメントクラスのポストに就く例として、外資を含めた中堅企業、特にＩＴ・ネット系の社歴の若い企業で辣腕を振るうケースが多いようだ。また、創業を含めて、投資ファンドのトップまたはコアメンバーとして、多くのコンサルティングファーム出身者が活躍している。

外資系コンサルティングファームは、特に戦略系を中心に、東大をはじめ有名大学の優秀な学生の間でも人気の高い就職先だ。公務員上級職の人気凋落が著しく、外資系投資銀

■【年収比較】邦銀 vs 外資系企業（投資銀行・コンサルティングファーム）

（単位：円）

	邦銀		外資系投資銀行（フロント）		外資系コンサル（戦略系）		外資系コンサル（非戦略系）	
20代前半		400万～600万	アナリスト	1000万～1800万	アナリスト	700万～1000万	コンサルタント	500万～700万
後半		600万～800万	アソシエイト	1500万～2500万	コンサルタント	1000万～2000万	シニアコンサルタント	700万～1000万
30代前半	支店（部）長代理	800万～1000万	ヴァイスプレジデント	2500万～5000万	マネージャー	1800万～2500万	マネージャー	1000万～1200万
後半	次（課）長	1000万～1300万	ディレクター		プリンシパル	2200万～3000万	シニアマネージャー	1300万～1800万
40代前半	副支店（部）長	1300万～1500万	マネージングディレクター	6000万～1億	パートナー	2500万～1億	パートナー	2000万～5000万
後半	支店（部）長	1500万～2000万						
50代前半	執行役員	2000万～3000万						

注）1．年収は、ベース給与とボーナス・インセンティブの合計金額について、平均的なレンジで表示
2．邦銀の年収レンジは、トップ昇進・昇格層
3．外資系企業の年収は、基本的に年齢とは関連しないが、各タイトルの平均的な年齢層を想定してレンジ表示

行についても人気に陰りが見え始めている昨今、大学でしっかりと勉強をして頭脳に自信のある優等生においては、ますますコンサルティングファームへの指向を強めているようだ。

　確かに優秀な頭脳の持ち主が、社内でしっかりと教育を受けてグローバルな最先端経営理論を学べば、美しいペーパーを作ったり、人前でもそれなりのことを話せるかもしれない。しかし、現実に組織を運営していかなければならない生身の会社や会社経営者にとって、どの程度、腹に落ちる説得力をもって受け入れられるかは未知

数だ。その点においては、金融を通じていろいろな産業や企業と切磋琢磨してきた銀行員にこそ、コンサルタントとして活躍できる素地があるのではないか。銀行員の特性を活かしやすい仕事のひとつだろう。

職種③　一般事業会社

一般事業会社は範囲が広過ぎてひとつのカテゴリーに括るには若干無理があるが、入社の仕方で整理すると2つに分けることができ、また理解しやすい。

まずひとつは、40代後半以降に、銀行の指示により銀行の親密取引先に出向し、その後時間を経たのち転籍して当該企業の社員になるというもの。真の転職と言えるかどうかは微妙だが、事業会社に移るケースとしては最も典型的であり数も多い。基本的には銀行の融資先であることから、少なくともこれまでは「カネの力」を背景に居心地はまずまずである。

まず出向という形で入るのが一般的だが、これは受け入れ側の会社と出向する銀行員の間での言わばお見合い期間と位置付けられる。受け入れ企業について見ると、大企業のケースは限定的であり、多くの場合、中堅・中小企業、特にオーナー系企業が中心となる。これは当然なことで、「カネの力」の効き目が大きいというのもさることながら、これらの企業においては、経営スタッフを中心に、やはり人材が不足しているからだ。

ところで、お見合いと言う以上は不成立の場合、すなわち、銀行に戻されるケースもあるのかという疑問が湧くが、答えは「イエス」だ。オーナー系企業なればこそ、人材のニーズが高いわけだが、同時にオーナー自身や会社のカルチャーに合う・合わないが業務を進めるうえで大きく影響するのも事実だ。また、出向者自身が「この会社は勘弁して！」と人事に泣き付いてくるケースも結構ある。

私の経験で言えば、転籍に至る（成功する）ケースが半分、残り半分の転籍不成立のうち、会社側の都合によるものと本人の都合によるものが同じく半々という感じである。面白いのは、一般的に銀行での評価が高かった人ほど転籍不成立となるケースが多いことだ。逆に言うと銀行での評価が必ずしも高くなかった人のほうが、転籍まで至り、また、先方でもうまくいく傾向がある。考えてみれば当然だが、普通、銀行員であればポテンシャルに遜色はなく、いかに今までの慇懃無礼を改め、目線を下げて会社とともに一緒にがんばれるかという意識・姿勢の問題になる。その点、評価の高かったエリートは、意識の転換が十分にできかねるということなのだろう。

一般事業会社に移るもうひとつのケースは、30代〜40代前半の働き盛りの層であり、こちらのケースが本書のテーマに沿ったものだろう。この年代は、銀行としても戦力として残したい、言い換えれば、まだ銀行本体で活躍してほしい層であることから、銀行が転籍含みの出向を命じることはない。自らの意志で会社を探して移っていくわけである。

まさに「これから」という年代層が一般事業会社に移りたいと考える最大の理由は、先ほどのコンサルタントにも共通しているが「虚業でなく実業でやってみたい」という思いだろう。金融を虚業と表現するのはやや極端だが、お金という目に見えない対象が、個人の生活からは遠くかけ離れた世界で「果たして自分のやっていることは社会的に意味があるのだろうか」という疑問を拭えないケースだ。金あまりで優良企業はお金を借りてくれないか銀行にとって逆ザヤの超低利の押し込み融資、一方、中小企業でお金を貸せるのは設備資金ではなく、担保に着目した不動産関連中心といった具合だ。世間からは役立たずと白い目で見られ、また、日々の業務は細部に至るまでこまごまと金融ご当局の呪縛下にある。想像していた金融のダイナミズムなど期待すべくもない。そんな中で仕事をしていると、自分は一体何を生み出し、どのように貢献しているのかという疑問を、時として持ってしまうのも事実だ。

一方では、入行同期を中心としたエンドレスのレースが続く。「こんなはずではなかった」という思いが徐々に増幅されながら心中をうねっていく。そんな心情のひとつの帰結が、「虚業＝金融」の対極にあるに違いない「実業＝一般事業会社」への志向として昇華していくのだろう。

このように、多分に「脱金融」としての色合いを持つ事業会社への転職であるが、従来あまり実例としては多くなかったのも事実だ。その最大の理由は給与格差にある。銀行は事業会社と比べると、一般的に昇進が早いことに加えて各役職の給与水準自体も高いことから、同年齢では相当の格差となる。メガバンクでは30代半ばにも年収1000万円を超え始めるという事実で概ね推し量れると思う。このため一般的に世帯構成層でもあり「給与を下げてまで転職する魅力的な会社は？」という思いが、現実的には事業会社への転職を抑制していた。

しかしながら、最近の動きを見ると一般事業会社への転職は明らかに増えている。要因は様々だが、ひとつには成長企業を中心に給与水準が上がってきており、銀行と事業会社との差が減少したということがある（最近は銀行の給与復活に伴い、格差は再度拡大傾向にあるが）。また、持ち家志向が薄れたことから、銀行員の転職を最も阻んでいた銀行内住宅ローンに束縛される行員の数が減ったこともあるようだ。

やや即物的な理由のみ指摘したが、背景にある「実業への思い」、要するに「やりがい」志向がより一層増しているだろうことは言うまでもない。こうして銀行における過剰な人材集中が、事業会社へのシフトにより解消されることは、言わば国家的見地から見ても望ましいのではないだろうか。新卒市場の機能が必ずしも十分には機能していないために、必要以上に銀行に集中してしまった人的資源が、転職市場を通じて産業の機軸たる事業会社に「再配分」されることはいいことに違いない。冒頭で述べたフタコブラクダやそれに次ぐ世代にとって、事業会社での再挑戦は最も現実的であり、また社会性も高いと考えられる。

ここで、実際に銀行員が事業会社に転職する例を見ると、年齢層によって、転職先の規模や業種、そしてポストも異なるようだ。

まず20代の転職例を見ると、第二新卒に準じる面もあり、受け皿の広い大企業のメーカーや流通業が中心だ。職種は様々であり、財務・経理は言うまでもなく、企画や管理部門、さらには営業に就く場合も結構ある。この年代の場合は、銀行での経験やキャリアも限定されているため、専門能力を評価されてというよりは、ポテンシャル重視の採用だ。

したがって、社内ではほぼプロパー社員と同様の人材育成や人事制度上の運用に委ねられるようだ。

30代になると、2つの方向に分かれてくる。引き続きメーカーや流通系の大企業に移るケースがある一方、中堅・中小のいわゆるベンチャーに近い規模の会社への転職も増えてくる。特に時代性を反映してネット系企業のケースが多い。

前者の場合は、職種的に専門性を重視され始める年代だ。財務・経理はそのひとつだが、M&Aや法務、人事といった具合だ。銀行での経験業務がそのまま転職先での職種になる。

後者の中堅・中小企業の場合は、幹部社員またはその候補生だ。年功意識の強い銀行員の感性からすると、「若くして部長」になるケースとも言える。企画部、財務部、総務部といった管理セクションで幅広く会社全体を眺めるポジションになる。経験としては貴重だが、会社をきちんと選ばないとキャリアが一気に崩れていく懸念がある一方で、うまく企業の成長と軌道が合えば、経済的にもステータス的にも満足のいくキャリアを実現することができる。

そして40代。ここまで来ると転職先はバラエティに富む。大企業で、財務、人事、総務などの管理セクションのマネージャーになるケースがある一方、中堅・中小企業のCFO

など、経営層として入る場合も増えてくる。また、海外業務の経験者は、業種や規模を問わず、国際業務の専担として海外勤務も含め活躍の場が広がる。さらに、M&Aや投資業務の経験者も、様々な業種において企業買収や関係会社管理の仕事に就いたりするわけだ。

職種④ 起業・ベンチャー企業

この2つを一緒にまとめるのはやや乱暴だが、既往のできあがった業種・業態ではなく、アーリーステージの会社という意味でひと括りにして考えてみる。

まずこれらの企業・業態の共通点は、将来的にどうなるのか予見不能であり、高いリスクにさらされているということだ。一般的には、世間にはまだ姿を見せていない商品やサービスを新たに開発・販売するわけだから、実際に供給体制が作れるのか、本当に購入する顧客がいて、売上が立つのか、多くの不確定な要素に囲まれている。一方で、逆に言えば同じことをしている人や会社が他にあまりおらず、競争が少ないという点において、多いに儲けられる可能性があるわけである。ハイリスク・ハイリターンというわけだ。

安定志向の代名詞である銀行員に「ハイリスク」というのは最も不似合いな言葉と誰し

もが感じるだろう。実際、これまでの3つのカテゴリーと比べると最もケースが少ない。正確には、成功例が少ないことは間違いない。ビル・ゲイツの例を出すまでもなく、米国において「起業」が優秀な学生や若者にとって有力な選択肢となっているのとは対照的である。

米国では就職の際の学生の志望は、①起業、②専門家、③中小企業、④大企業の順といわれている。③と④は必ずしも一般論では言えないだろうが、ベースにあるのは「何（どこ）が一番自分を差別化できるか」という視点だろう。一方の日本では、陰りが見え始めたとはいえ、公務員には根強いニーズがあり、また大企業、特に有名企業への人気は人不足下であっても一層増大している状況だ。

そのように日本人にビルトインされた気質に加え、もともとブランド志向が強いというメンタリティもあり、銀行員にとっては、ベンチャー企業への転職や起業は相当ハードルが高いようだ。このような中で、銀行員による起業の成功例は、業種としては投資ファンドに多く見られる。また、各種コンサルティング業も起業例としての数は多い。

そもそもビジネスの源は、モノやサービスについて、それを作るか、売るか、考えるかのいずれかだ。そしてそれらをビジネスとして具体化していくには、原体験が大きく影響するだろう。「作ったり売ったり」した経験のない銀行員にとって、製造業や小売業の分野で創業することは、明らかに比較優位ではない。ものごとは1人でできない以上、誰かを雇わなければならないが、「作ったり売ったり」したことのない人が「作ったり売ったり」の指示を出すことは至難の業だ。

銀行員がビジネスを起こす時に使える技能は、頭を使って考えることと、人のお金を利用することの2つだろう。その2つともに使うのが投資ファンドビジネスであり、「考える」技能だけ使うのがコンサルティング業だ。

投資ファンド事業は、リスクマネーの存在があってはじめて成り立つビジネスだが、リスクを取るのは投資家であり、事業者自身は投資リスクから隔離されている。伝統的な表現を借りれば「他人のフンドシで相撲を取る」ビジネスであるが、資本主義経済下では最も進化した、その究極の姿かもしれない。リスクを取らずに儲ける商売こそ多くの知性を投入する必要があるが、その点においても銀行員に適したビジネスなのだろう。逆に、スマートな装いの中、グリーディーに見えてしまうことが、ややもすれば人々の反発を買い「ハゲタカ」の別称を呼ぶのかもしれない。

一方、銀行員が多く起業するもうひとつの業種であるコンサルティング業については、

■投資ファンドの分類

市場性の有無	ファンドの種類	概要
市場性のある金融商品	ヘッジファンド	少数の大口投資家の資金を、株式・債券・通貨などに投資するファンド。最先端の金融工学を用いてリスクヘッジを図りつつ、金融派生商品も駆使してハイリターンを狙う
	アクティビストファンド	少数の会社に集中的に投資し株主としての権利を主張、増配の実現や株価の上昇を狙うファンド。経営者との対話を通じ、企業価値向上のための提案を行なう
プライベートエクイティファンド（非公開株式）	ベンチャーファンド	起業間もないアーリーステージの企業に投資し、上場など株式売却による投資収益獲得を目指すファンド。投資先企業への経営アドバイスや業務支援を通じて企業の成長をサポートする
	バイアウトファンド	企業の株式を既存株主から買収し企業価値を高めたうえ、株式公開や転売により投資収益を得るファンド。ベンチャーファンドとの違いは投資対象が未成熟企業に限定されないこと。LBOやMBOも一形態

注）・投資ファンドには、投資信託や商品ファンドも含まれるが、これら従来型の商品は除外した
・バイアウトファンドでは、公開株も投資対象となるが、ここではプライベートエクイティファンドに含めた

ビジネスのレンジが大変幅広いことが特徴だ。シンプルに解釈すれば、人の相談に乗ってお金をもらえばすべてコンサルティング業になる。人の悩みが尽きないように、会社の相談ごとも様々にあり、ビジネスのタネは尽きない。経営コンサルタント、人事コンサルタント、システムコンサルタント、財務コンサルタント……。先ほども述べたが、こちらは人のお金を利用せず、自分自身の頭と口だけで勝負をする、言わば「究極の第三次産業」だ。ビジネスの源は投資ファンド事業と同じく「考える」部分にあるが、もう少しそれらしく言えば「情報の非対称性」が付加価値のルーツとなる。

銀行員が起業する場合、経営コンサルタントか財務コンサルタントが多いが、顧客は大半が一般の事業会社、特に中堅・中小企業が中心である。銀行員の頭の中には、長年の銀行員生活で培われた様々な情報が詰め込まれているが、コアになるのは金融知識と企業情報だ。ローテーション異動で部署を変わるごとに、いろいろな地域における様々な業種の多様な企業に対して、時宜を得た金融商品をタイムリーに提供してきた。そこで習得した知識・情報量と顧客である中堅・中小企業の情報量には、大きな隔たりがあって当然だろう。そこにこそ、ビジネスの生まれる所以があるのだ。

失敗しない銀行員の転職　9つの成功例

「理屈はもうわかった。実際に誰がどのようにうまくいったのか、具体的な実例を教えてほしい」という声もあるかもしれない。「百聞は一見に如かず」「実例に勝る教師なし」だ。

邦銀の行員が主な人材供給元になる外資系金融機関については、数多くの転職成功例があるが、国際業務・海外支店経験、ＭＢＡ資格、など概ねキャリアのパターンが決まっている。ここでは、対象となる年齢層が広く、キャリアも様々である日系の企業を中心に、

９名の事例を見ていきたい。

①日系事業会社　Aさん（42歳　男性）

慶応義塾大学法学部卒　１９９９年、都市銀行S（現在はメガバンクのM銀行）入行。現在は日系デジタルマーケティング会社（上場）取締役ＣＯＯ。現年収２０００万円。

成功例のトップバッターとして、最もトレンディなケースをお示ししたい。

Ａさんは金融再編の真っ只中に関西系の都市銀行に入行した。都市銀行の中でも最も「自由闊達」な行風を誇るＳ銀行を選んだわけだが、人事部のお眼鏡にかなったのだろう、都内老舗店舗で新入行員時代を過ごすと、次は本店でＭ＆Ａ仲介を行なう事業開発部に異動となった。典型的な若手ホープだ。見た目はスマートだが、学生時代は体育会の運動部に所属するスポーツマン。文武両道の、いかにも人事部受けのする人材だ。

ところが、折からの金融再編のうねりの中、同行は役所と政治に翻弄される。大人ぞろいの都市銀行の中でアクの強い同行はなかなかパートナーが見つからず、結局、何回かのお見合い破断の後、当局の主導する形でＭ銀行と合併した。当時は同行に限らず、連日新聞紙上を賑わす合従連衡の噂話（と一部の本当の話）に辟易として、少なからざる数の中堅・若手行員が銀行を去って行った。当時30歳手前のAさんもその中の1人だった。

選んだ先は創業後10年に満たないネット系企業。現在は数千万人の会員を有する巨大企業だが、その当時は急成長中とはいえ、売上がEコマースを中心に数百億円規模の中堅どころだった。そこでAさんはオーナー社長直下でM&A業務に従事する。銀行時代は3年に満たないM&A業務の経験だが、当該企業では貴重な存在だ。投資銀行やM&Aハウスから次々に持ち込まれる案件を手際よくさばいていけるのは彼くらいだった。オーナーからも高い評価を受けた。

しかし、前段で述べたように、初めての転職はこれといった大きな不満がなくとも、数年すると次の転職に気持ちが移るもの。Aさんもその後、東証一部上場のゲームアプリ会社の企画担当役員などを経て、3社目の転職先になる現職に就いた。アイデアマンであるオーナー社長のもとでCOOとして会社の管理全般を仕切っている。年収もさることながら、上場前に取得したストックオプションについて、立場上、行使はしていないものの1億円を超える価値をキープしている。

Aさんが転職に成功した（そう言っていいと思うが）理由は3つ。ひとつは短期間とはいえ銀行でM&A業務の経験を積んでいたこと、2つ目は30歳前後という最も旬な転職年齢であったこと、そして3つ目は、見るからにさわやかな好青年であること。若手が中心のネット系成長企業には、中も外も中年おじさんは似合わないのだ。

POINT

ネット系トレンディ企業は、スマートでさわやかな「好青年」に限る！

②日系証券会社　Bさん（52歳　男性）

東京大学法学部卒　1989年、都市銀行D（現在はメガバンクM銀行）入行。現在はメガバンク系証券会社グローバル人事部長。現年収2500万円。

Bさんは弁護士志望の学生だったが、志は遂げられず、いわゆる「司法留年」2年の後、D都市銀行に入行した。当時カブリ（浪人または留年）は1年までと言われる中での入行は、彼への期待値の高さが推測される。入行後は通常の人事ローテーションで、本支店での法人や個人の営業を経験した後、30代半ばで人事部に異動した。営業成績抜群というわけではなかったが、持ち前の頭のよさを買われたのだろう。

人事部は「ハマり」役で、人事制度の構築から組合の対応まで、中堅どころの柱として大活躍だった。その後に具体化した統合の中では、必然的に人事面でのチームリーダーとなり、統合相手行との人事制度や処遇のすり合わせなどに忙殺された。そして、統合がひと段落したのを見て、彼も転職をした。

転職先は外資系投資銀行の人事（ＨＲ）だった。先述したように、日系と外資系の金融機関で一番機能（＝ステータス）が違うのは人事だ。彼は必ずしもそれを知らずに入った。結果として、転職先では圧倒的なパフォーマンスと高い評価で「邦銀の人事は違う」ということを見せつけた。一方、そうなると本人の気持ちの中では物足りなさが募る。そこから、彼の「金融人事のグランドスラム制覇」が進行する。

まずは外資系生保の人事への転職だ。外資系とは言っても、保険会社は投資銀行ほど人事権がフロントに集中していない。邦銀と投資銀行の中間位の位置付けだ。したがって仕事はまずまず面白い。ところが世の中はなかなかうまくいかない。上司にあたるエキスパットのレベルが投資銀行と違うのだ。もともと本国において、投資銀行と生保はステータスに差がある。加えて、（少なくとも当時は）投資銀行にとって東京はアジアのコアなマーケットだ。それなりの人材が送り込まれていた。Ｂさんにとって、投資銀行と比較すると、仕事はまずまず面白いとはいえ、外国人上司が明らかに見劣りする。

そうこうするうちに米国本国でのM＆Aが続き、出先である日本も合併や組織再編で社名が2回変わった。普通、外資でM＆Aが起こると、スタッフ部門は余剰人員が発生することから半分近くの人材はクビを切られる。その中で実力者であるBさんは「余人をもって代え難く」生き残った。M＆Aでバタバタしているうちは忘れていたが、落ち着いてみると、あらためて職場の人間関係のレベル感に不満が出てくる。やはり日系だ、ということで転職し、現在はメガバンク系証券会社の海外人事担当のヘッドとして活躍をしている。

外資系人事の処遇はフロント部門と大きな差があるとはいえ、絶対額では邦銀の執行役員クラスを上回る報酬を取る。Bさんは日系の証券会社に移ったものの、個別のネゴでこれまでの高い処遇を維持している。良くも悪くも勝手知ったる邦銀のカルチャーの中で仕事ができる、しかもメンバーはそれなりだ。ハッピーだろう。

私の知る限り、Bさんは金融機関では内外を知り尽くしたトップレベルの人事マンだ。30代半ば以降、一貫して人事に従事した「芸は身を助く」の人だ。ここまで来られた理由は、①地頭のよさ、②幅広い経験、そして何より、③各職場で手を抜くことなく人事業務に打ち込んだ経験知だろう。周りのフロントの人たちが50歳前後を境に会社を去って行くのを横目に見ながら、彼は定年の65歳まで現在の仕事を続けるに違いない。人事は息の長い職種なのだ。

POINT
どこの企業でも通用する人事マンは、あまり目立たぬ渋目の職人気質がよい。

③日経事業会社　Cさん（61歳　男性）

地方国立大学経済学部　1979年、長信銀Ｉ銀行（現在はメガバンクのM銀行）入行。現在はオーナー系物流会社専務。現年収3000万円。

フタコブラクダ世代にとって、最も可能性の高いオーナー系事業会社の転職例を紹介したい。銀行の紹介ではなく、自力で転職したCさんのケースだ。

Cさんは地方の県立高校出身で、国立大学卒業後、（今は懐かしい響きだが）長信銀のI行に入行した。東大・京大・一橋大・早慶大の出身でなければ人に非ずのI行に地方の国立大学から入るのは至難の業で、実質トップ卒業の人材だ。天下国家を語る、やたらプライドの高い人間の多い同行の中で、Cさんはいかにも地方国立出身の地味な存在だった。経歴も故郷の地方支店を皮切りに、都内の支店や本店事務セクションを回った後、40歳で早くも銀行の関係会社に出向し、そこで退職する50歳近くまで過ごした。

銀行の関係会社では本体で偉くなれなかった人が親会社の威光を背に偉ぶるのが通例だが、Cさんはまったくおごることなく、プロパーの人と同じ目線で仕事をした。そのため、銀行と関係会社をつなぐ不可欠な役割を担うこととなり、結果的に長期にわたる出向となった。

とは言うものの、関係会社では銀行本体の役職が反映することから、必ずしも銀行で評価の高かったわけではないCさんは関係会社の役員になれるわけでもなく、かと言って銀行本体に戻れるポストのある年齢でもなく、結局、学生時代の知人の紹介で自ら会社を探して転職をしたのだ。

会社は創業オーナーが腕ひとつで作り上げた物流会社で、創業10年にして上場するに至る成長企業。この会社の成長戦略は同業他社のM&Aが中心で、そのため多種多様な人たちが混在するユニークなカルチャーだ。だが、総じて言えば労働集約型産業の御多分に漏れず、現場上がりの泥くさい人たちが個性の強い創業者の号令にしたがって滅私奉公する典型的なオーナー企業だ。

慢性的な人材不足、特に気の利いたスタッフがいない中、取引銀行が（余剰）人材を送り込むのだが、誰も金融マンとしてのプライドが邪魔をして会社になじめず、次々と銀行に戻されるのだった。Cさんについても、自ら動いた転職とはいえ、時間の問題だろうとオーナーが高を括る中、その先入観が覆されるのに1年の時間は必要としなかった。

もともとの誠実な性格に、長きにわたる関係会社での経験が加わり、まずはプロパー社員の信頼を得たのだ。労働集約型産業では最も大切な経営スタッフの資質だ。またオーナーとの距離感も、居丈高になるわけでも、おもねるわけでもなく、実に具合がいいのだ。本人が意識しているわけではなく、自然な形で染み出してくるものなのだ。

オーナーの信頼は抜群で、瞬く間にナンバー2である専務の役職にまで就いてしまった。通常は60歳で役職定年だが、オーナーと社員の間の緩衝材として代わりのいない役割を担い、恐らくオーナーが引退しない限りCさんは今のポストで働き続けるだろう。

銀行時代は必ずしも日の当たるコースを歩いてきたわけではないCさんが、今の会社で花開いたのは、ともかく誠実な人柄による。おごることなく同じ目線で社員と接し、オーナーとは嘘をつかず誠実に対応する。誰でもできそうでいて、なかなかできないことなのだ。

この業種に限らず、オーナー系企業で成功するために一番大切なのは、何より誠実な人柄だ。目から鼻に抜けるシャープさは不要だ。オーナーに信頼される、このことに尽きるのだ。

POINT

オーナー企業に才気は不要。誠実な人柄でひたすら忠実に尽くせばＯＫ。

④日系金融機関　Dさん（46歳　男性）

明治大学経済学部卒　１９９４年、首都圏地方銀行Ｔ入行。現在は流通系銀行執行役員。
現年収１５００万円。

Dさんはすでに第1章で登場いただいた方だ。学生時代、金融志望で銀行を中心に就職活動をしている中、学生時代の先輩に声をかけられて立ち寄ったのがきっかけでＴ行に入行した。もともと個人向けのビジネスに興味があり、その点では都市銀行（当時）より、地元密着の地銀のほうが活躍できるのではないかと考えたのだ。実際に都内の店舗に配属されると、個人顧客の担当として毎日、数十件の往訪を続ける中、現在につながる「個人ビジネスの視点」が培われたと考えている。

本店に異動してからは、当時の地銀としては先駆的だったが、ネットバンキングの導入に携わった。それがきっかけにもなり、同じく当時次々に立ち上がり始めたネット系銀行のひとつであるS銀行に転職し、主に新規商品や事業の開発・企画に携わった。S銀行は親会社である大手事業会社からも人は来ていたが、実際のオペレーションは、銀行を中心に志を同じくして集まった様々なメンバーが担っていた。ネット系のため、実際の個人顧客に接することはなかったが、地銀時代に培った「個人ビジネスの視点」を活かした新たなサービスを次々に提案し、部門の中心人物となっていた。

こうして10年以上が経過する中で、会社もネット系銀行の「老舗」としてブランドが定着、Dさんとしては「やり終えた感」を持ち始めた頃に、「流通系の銀行設立を手伝ってほしい」という誘いが寄せられ再度の転職を決断し、今日に至っている。

メガバンクも最近は法人資金需要の慢性的な減少を受け、個人部門の強化をうたっている。実際、有名俳優を起用した某メガバンク系信託銀行の個人向け投信のテレビCMが繰り返し流されるのを見ると、その意気込みは感じられる。しかしながら、役員就任者の経歴を見ればわかる通り、少なくとも人事上は必ずしも重要視されていない。メガバンクの行員の関心は当然Ｂ　ｔｏ　Ｂ、すなわち法人取引なのだ。
そうして見ると、Ｄさんに限らず、地銀出身者の強みはＢ　ｔｏ　Ｃ、すなわちリテールにあることがわかる。「消費者目線」の商売だ。その中でもこうしてＤさんが一貫性のあるキャリアを実現できているのは、自分の強みを理解したうえで、常にマーケットの変化を見ながら、それをアップデートしている点にある。単に「ベタ」なビジネスをしているのではなく、しっかりロジックのある持論が展開できるのだ。ＡＩの活用やフィンテックが金融のニュースとして話題にのぼるなど、少なくとも個人分野での活用については地銀出身者に期待するところ大である。

POINT

業種にかかわらず、リテールはベタなキャラが不可欠。そこに論理性が加われば鬼に金棒。

⑤日系金融機関　Eさん（48歳　男性）

横浜国立大学工学部卒　1992年、都市銀行M（現在メガバンクM）入行。現在は流通系ネット銀行経理部長。現年収1400万円。

内外の金融機関で一貫して経理の仕事を続けているEさんは、理系出身だ。多くの仲間が大学院に進む中、早く実業に就くことを希望し、当時流行りの理系出身から銀行の流れを受け、M銀行に入った。理系出身者の場合、多くの人がマーケットやデリバティブの現場を経験後、商品開発やリスク管理に異動するのに対して、Eさんは経理への異動となった。学生時代に税理士試験で2科目合格していたことが人事の目を引いたようだ。

経理セクションは、2〜3年のローテーションが普通の銀行人事の中で専門性を要することから、彼は途中2年ほどフロントの仕事に就いたものの、通算で10年間経理の仕事に従事した。結果、もともとの「理系頭」の本領を発揮し、銀行経理のプロに成長した。

統合のゴタゴタもあるが、それ以上に、もはや経理が自分のフランチャイズとすれば、同じ銀行にいるよりは外の企業で経験を積んだほうがキャリア上も経済的にも有利と考え、転職を決めた（確かに銀行で経理マンが頭取になることは、少なくともこれまでは聞いたことがない）。

証券系の新設銀行→投資ファンドが買収した地銀→外資系銀行①→外資系銀行②を経て、現在は親会社が大手小売業のネット銀行の経理部長として活躍している。前述のBさんが人事のグランドスラムとすれば、Eさんは銀行経理のオールマイティーだ。

Eさんの人物像は、一言で言えば「文転した理系」のキャラクターだ。メーカーの研究所で「真理の探究」をする学究肌ではなく、一方、人間関係に機敏なバランス派でもない。本人がどこまで意識したかはわからないが、「金融機関での経理」の仕事は天職とも言える。そこを見抜いたM銀行の人事部をほめるべきかもしれない。結局40代半ばまでに5回の転職をしたのだが、初回を除いてすべて自分から動いたわけではない。毎回、人材紹介会社からスカウトされ会社を動いたのだ。

銀行経理の特色のひとつは、やたら準備金や引当金にかかわる科目が多いことである。これらの科目は、言わばB／SとP／Lの中間に位置する存在だ。「表面の利益は大きく、税金は小さく」という銀行の経営上のニーズに応えるべく、これら中間領域を調整しつつ、会計士や税当局と、どこで折り合いを付けるかが銀行経理マンの真骨頂だ。豊富な経験を持つEさんは、まさにハマリ役なのだ。

Eさんは、今回も自らは動いていないが、ある新設銀行の経理マンとしてスカウトされている。気持ちはほぼ固まっているようだ。人事マンと同じく経理マンも、「芸は身を助く」なのだ。

POINT

銀行経理のプロは希少性が高く、守備範囲が広い。バランス感覚が不足していても、専門性で生き抜ける職人技。

⑥外資系事業会社　Fさん（36歳　男性）

慶応義塾大学経済学部卒　2005年、メガバンクM銀行入行。現在は外資系ブロックチェーン会社社長。現年収2500万円。

冒頭のAさんを紹介する際に「最もトレンディ」と表現したが、こちらのFさんのほうが時代の寵児かもしれない。大学を卒業後、あまり深く考えずにメガバンクに就職し、都内大規模店舗の法人営業の担当に就いたことからすると、それなりに期待値が高い人材だったのだろう。しかし、本人は当初より銀行の仕事に興味があったわけでもないことから、入行後、約1年で退職をした。退職理由は「仕事がくだらない」ということだった。

もともと帰国子女で英語が堪能なことから、外資系投資銀行に転職した。産業別に法人を担当して営業を推進するセクションで、いわゆるカバレッジに入り、電気・機械の大手企業をアカウントとして持つことになった。外資系投資銀行は基本的にアセットを持たないことから、M&Aが主要な業務となる。Fさんも「選択と集中」の流れの中で、大手電機メーカーの子会社売却を手伝うなど、大いに活躍した。

しかしながら、折からのリーマンショックでFさん自身はクビを宣告されたわけではないが、周りがバタバタと辞めていくのを見て、「投資家サイドの仕事をしたい」と考え、外資系のPEファンドに再度の転職をした。ここでは時節柄、どちらかと言えばディストレス（業績不振会社への投資など）が中心だったが、数件の案件を無事ものにした。

PEファンドなどで投資の仕事をしていると、これも一般的な傾向だが、次は自分自身が事業会社で経営をしたくなる。Fさんもその流れでキャリアチェンジを考えている時に声をかけられ、現職に就いた。

邦銀→外資系投資銀行→外資系PE→外資系ベンチャーというキャリアは見事とも言える。もちろん、語学力を含め実力があるからこそだが、Fさんの場合は、加えて環境変化を敏感に捉え、ある意味で自分の気持ちに素直に、転職を決断してきたことが、このような結果になったのだろう。

POINT

トレンディ業種はあまり深く考え過ぎず、流れに任せるのもひとつ。自分に自信があれば道は自ずと開かれる。

⑦外資系事業会社　Gさん（39歳　男性）

京都大学経済学部卒　2003年、都市銀行TM（現在のメガバンクM行）入行。現在は外資系化学メーカーマーケティングマネージャー。現年収2000万円。

Fさんが「流れのままに」の転職だったのに対して、Gさんは「計画性」のある転職と言える。結論から言えば、邦銀→日系証券カバレッジ（化学・素材担当）→外資系M&A会社→日系消費財メーカーのグローバルM&Aチーム→米国自費留学（MBA）→米国化学メーカーマーケティング（本社採用）という具合だ。邦銀で基礎業務を学ぶとすぐに証券会社に移り、投資銀行業務を経験した。専門性を高めるべくM&A会社に移り、留学で

ＭＢＡを取得のうえ、満を持して米国のグローバルトップ企業に就職したのだ。

大きな流れとしてはＦさんと似ているが、Ｇさんは当初より米国本社でグローバルに活躍するという目的を持ってキャリアをスタートさせている。その際にネックとなる英語と外資系のビジネスの進め方については、まず日本にある外資系企業で学んだうえで、米国企業で出世に不可欠なＭＢＡを取得して、最後に目的を果たしたのだ。

ＦさんとＧさんのようなキャリアは、率直なところ40代になってから作ろうとしても難しい。申しわけない言い方だが「時すでに遅し」なのだ。逆に言えば、20代のうちから視野に入れて望めば、誰にとっても決して実現の難しい話ではない。どちらにしても転職するのが銀行員の宿命であれば、「早目の対応」は有力な選択肢のひとつではあるだろう。

POINT

外資系で出世するには英語とＭＢＡが不可欠。まだ間に合えば絶対に行内留学生制度にトライすべき。世界が変わる。

⑧日系事業会社　Hさん（52歳　男性）

同志社大学経済学部卒　1989年、都市銀行S（現在メガバンクM銀行）入行。現在はオーナー系造船会社海外事業担当役員。現年収1500万円。

Hさんはもともと英語が好きで、S行にも海外での仕事を強く志望して入行した。実際に国内店で3年間法人営業を経験した後、20代後半で早々にも米国→アジアの海外勤務となり、いわゆる「国際畑」の人材としてのキャリアがスタートした。ところが日本に戻ると、個人営業の本部や商品開発など、およそ「国際」とは関係ない部署への異動が続いた。ゼネラリスト育成のローテーション人事を旨とする日本の銀行では珍しくないことだが、Hさんは納得できず、転職の道を選んだ。

まずは、国際キャリアを目指して大手自動車メーカーのファイナンス子会社に転職した。国内で仕事に慣れれば、すぐにでも海外に赴任するということだった。しかしながら、社内の事情で国内セクションに留まることになり、Hさんは再度転職を決めた。

次は大手流通企業のファイナンス子会社の国際部門だった。こちらでの仕事は日本にはいるものの、アジアに10社近くある子会社の統括業務であり、ほぼ毎月ある海外出張も程よく、彼としては満足のいく仕事だった。ところが程なく、彼を引っ張ってくれた親会社の役員が社内抗争に敗れ退職、Ｈさんも居づらい状況となり、再々度の転職を考えるに至った。

銀行に限らず日本企業で海外業務に就いていた人は、50歳近くになって日本に戻って来ると、もはやポジションがない。国際業務の統括は、常務クラスと中堅どころのスタッフで片付いてしまい、海外戦士として身を捧げてきた面々にとって、日本には帰るべき故郷がないのだ。こうなると、転職をして外に活躍の場を求めることとなる。当社にも多くの方々が相談に来られるが、皆さん一様に言うのが「今さら海外に出るのはしんどい。海外進出をこれから図っていくような中堅どころの企業で自分の経験を活かしたい」ということだ。

だが、なかなかこのような話はない。日本にいてあれこれ言う人はあまたいる中、本当に必要なのは実際に海外に赴任して現場で働いてくれる人なのだ。Ｈさんも、できれば東京に勤めながら海外ビジネスをサポートする仕事を求めた。結局、希望する職種は見つかったものの、会社から要望のある勤務地は、はるかに離れた四国の松山だった。Ｈさんは子どもが手のかからない年齢に達していたこともあり、ご婦人ともども松山に転居をして、そこを終の棲家とすることに決めた。東京のマンションを引き払い、今では松山に

「豪邸」を建て、すっかり地の人としてなじんでいる。

繰り返しになるが、邦銀で長期の海外駐在から帰ってきても、すでに銀行の中にポストはない。現場の職に就けば「海外ボケ」と言われ、本部のライン管理職の数は限られている。だからといって、行外に職を求めても、再度の海外勤務くらいしか仕事は見つからない。

そう考えると、今回Hさんは想定外の地方生活にはなったものの、総じてハッピーな転職だったと言える。彼が正解だったのは、ひとつは30代前半で自身の方向感に合わない人事異動が出た段階で、早々にも銀行の外に職を求めたことだ。また、その後も一貫して国際業務という切り口で、自身のキャリアを主体的に切り開いている。意志の力が感じられるのだ。

2つ目は、地方生活を厭わなかったことだ。海外帰りでそのキャリアを活かしながら第2の人生を首都圏で送りたいという人は、銀行・商社・大手メーカーのシニア層を中心にごまんといる。供給過多だ。地方の優良メーカーは早くから海外展開をしているが、唯一人材が追い付いていない。Hさん成功の秘訣はここにあり、また、海外帰りのシニア層にとって、地方の生活を厭わなければチャンスは十分あるということだ。

POINT

シニアな国際派は首都圏では供給過剰。地方で第2の人生の覚悟を持てるかどうかがカギ。

⑨日経金融機関　Iさん（46歳　女性）

慶応義塾大学経済学部卒　1995年、M信託銀行入行。現在は小売系ネット銀行監査室長。現年収1500万円。

最後にIさんという女性に登場願おう。社外役員を何社かで務める銀行出身の女性有名人もいるが、まだまだ例外的で一般の人にはあまり参考にならない。そこで、銀行総合職↓結婚・退職↓ご主人の転勤に合わせた派遣社員↓子どもも大きくなったので正社員として復活という、ある意味で正統派のキャリアの人材についてお示ししたい。

Iさんは大学卒業後、総合職として財閥系信託銀行のM銀行に入った。出身は東京だったがいっさい考慮されず、関西の支店の配属となり、法人営業の仕事に就いた。そこで現在のご主人と知り合い、その点では意味のある支店勤務だったが、仕事は物足りず、結婚を機に退職した。手に職を付けるべく公認会計士の勉強に励んだが、ご主人の転勤に合わせて2回の地方生活と派遣勤務を送るうちに、資格取得は志半ばであきらめた。

その後、ご主人が本店勤務となったことを受け、正社員に復活した。年次主義の銀行に戻るべきポストはなく、大手流通業の経理部門の担当者として入社した。会計士の資格は未取得ながら、もともとの銀行員時代の知識もあり、業務に支障は来たさなかった。新しい仕事に就きながら、米国公認会計士（ＵＳＣＰＡ）や内部監査人（ＣＩＡ）の資格を独学で取得、将来の転職に備えた。その甲斐もあり、現在は流通系ネット銀行の内部監査部門のマネージャーとして活躍している。同社は女性を積極的に登用することでも有名な企業であり、Ｉさんも小学生のお子さん2人を育てながら仕事との両立をきちんと実現している。

先日、メガバンクM銀行の女性総合職（１９８８年入行）に話を聞いたところ、統合前の各行に入った同期女性総合職の合計数は約30人、そのうち、現在残っているのは彼女を含め３人だけとのことだった。大半は結婚・出産と続く中で、公私の「私」のほうにワークライフバランスのウエイトをかけたものと推測される。恐らく男子行員の同期は7～8割は残っていると推測され、いかに（少なくともこの時代の）女性総合職にとって、銀行で仕事を続けることが難しいかが理解される。

現実的な話として考えれば、まだまだ日本の社会では男性中心のキャリアを前提とした仕組みとなっている。Ｉさんが結婚後、銀行を退職し、ご主人の転勤に合わせて派遣を続けざるを得なかったことは典型的だ。しかしＩさんがその後、正社員として復活し、管理職として活躍するに至った最大の理由は、彼女が自己研鑽を続けたこと。言い換えれば、常に向上心を持って臨んだことだろう。最終の資格こそ取得できなかったが、公認会計士にチャレンジしたり、英語も勉強してＵＳＣＰＡやＣＩＡの資格を取ったりと、強い意識がないとできることではない。

期せずして銀行を離れる可能性の高い女性にとって、専門性を磨くこと、特に資格取得は、その後の職業選択において大いに助けになる。「芸は身を助く」は女性にこそ言えることかもしれない。Ｉさんは現在の会社で初の女性役員の期待を集めながら、日々の仕事に励んでいる。ぜひ同社だけでなく、働く女性のロールモデルになってもらいたいところである。

POINT

女性にとって専門性を磨くことは、少なくとも現状では有効なキャリア選択。中でも高度資格は有力な武器。「芸は身を助く」が王道。

おわりに

私は社会人となって約40年、前半は銀行員として金融の仕事を、後半は事業会社で人事にかかわる仕事を、それぞれ20年ずつ経験した。どちらも好きな仕事であり、その意味では恵まれた社会人生活を送ることができたと思っている。

一方、新卒で入った銀行が経営破たんせず、主体性を持って存続していたら、「漫然と」数十年の銀行員生活を続け、そこで人事部の言うがままの人生を送っていたかもしれない。「意識を高く持って、自分のキャリアをよく考えましょう」と偉そうに言う資格があるのだろうかと思うこともある。

ただ率直に言えるのは、銀行以外の様々な仕事を経験することができ、そして何よりも、その過程を通じて実に多くの方々と知り合えたことで、本書が生まれたとも言えるのだ。小売業の顧客第一主義、ネット系企業の革新性、それを熱く語る経営者やスタッフたち……。人材ビジネスの分野では延べ数千人の方々の仕事と、さらには人生にかかわる話を聞いてきた。間違いなく、私の人生観の幅を広げてくれた。

銀行はダイバーシティの対極をなす同質社会だ。行員の公私にわたる愛憎を、すべて組織に内包して、それをエネルギーに変えて進んでいく。組織としてはひとつのやり方だろう。それが今後も続くのかどうかは別として、個人の視点からはどう考えるのだろうか。新卒で入って四半世紀を銀行本体で、その後は関係会社か銀行に近い取引先で「老後」を過ごす。良くも悪くも一貫した人間関係だ。

「社会人人生50年」の時代だ。社会と最もかかわりの深い、この半世紀にわたる時間をどう過ごすかは、自分の人生を豊かにする意味で、よくよく考えるべきだろう。

私は今でも時々「当行は」と言ってしまうことがある。何もわからない自分を20年間育ててくれた銀行への感謝の気持ちが尽きることはない。そして、あまねく銀行員への強いシンパシーがあるのも事実だ。

最後に親しげに語らせてほしい。

「後輩の皆さん、いろいろなことにチャレンジして実り多い人生を送ってください。がんばれ！」

渡部昭彦（わたなべ　あきひこ）
ヒューマン・アソシエイツ・ホールディングス株式会社及びAIMSインターナショナルジャパン株式会社代表取締役社長。1956年生まれ。1979年東京大学経済学部卒業。同年、日本長期信用銀行（現・新生銀行）入行。首都圏支店、地方支店、中央官庁出向、国際金融部、本店営業部を経て、1994年から2000年まで人事部に勤務。その後、4度転職をするが、セブン－イレブン・ジャパンでは、人事セクションの部長として、毎年1000人近い採用と5000人の社員の人事制度の構築に従事。楽天グループでは、財務担当の執行役員の他、楽天証券において人事を含む管理部門の担当役員を歴任。2007年より現職。代表取締役としてグループを率いる一方、自身もコンサルタントとして日々、人材紹介に従事している。その豊富な人事経験をもとに、新聞・雑誌・講演会等のメディアにおける露出機会が多い。人事分野のみならず、小売業・金融業という産業ジャンルでも見識を持つ。著書に『銀行員の転職力』（日本実業出版社）、『日本の人事は社風で決まる』（ダイヤモンド社）がある。

失敗《しっぱい》しない銀行員《ぎんこういん》の転職《てんしょく》

2018年7月20日　初版発行

著　者　渡部昭彦
発行者　吉田啓二

発行所　株式会社日本実業出版社　東京都新宿区市谷本村町3－29 〒162-0845
大阪市北区西天満6－8－1 〒530-0047
編集部　☎03-3268-5651
営業部　☎03-3268-5161　振　替　00170－1－25349
https://www.njg.co.jp/

印刷／厚徳社　製本／若林製本

この本の内容についてのお問合せは、書面かFAX（03－3268－0832）にてお願い致します。
落丁・乱丁本は、送料小社負担にて、お取り替え致します。

ISBN 978-4-534-05594-1　Printed in JAPAN